CLASSIC CINEMA WORKSHOP

ようこそ、クラシックシネマ・ワークショップへ

—

渡邊徹也
WATANABE Tetsuya

文芸社

もくじ

I

II

III

I

1 『ロシュフォールの恋人たち』

一九六七年、フランス、ジャック・ドゥミ監督。この映画はカトリーヌ・ドヌーヴさんのファンは必見です（興味のある方はチェックしてみてね！）。ドゥミ（監督）、ルグラン（音楽）、ドヌーヴ（女優）の三人が関わった映画のＤＶＤコンプリートボックスの中の一作品で、これは数年前に買ったのですが、『ロシュフォール……』だけでも、もう十回以上は観ていると思います。もとはとったかしらん？

とにかく楽しいミュージカル映画で、ダンスあり、笑いあり、ちょっと胸キュンあり……と、とても欲張りな作品です。

普段、模型の世界で殺伐とした戦場ばかり想像し、心が荒んでいる私は、こういったいわゆる〝娯楽映画〟を観て気分転換しているんです。

「ああ、こういったシチュエーション、あったらいいなあ！」とか、「こういうふうに恋人たちが結ばれたらいいなあ！」など……、まるで自分が映画の主人公みたいになれる、みたいな。この役者は私を投影してるって、ちょっと思ったりしてしまう映画なのです！

考えてみると、若い頃はヴィスコンティやキューブリックなどの小難しい作品ばかり選んで観ていましたが、最近では、この作品のようにダンスあり笑いありのミュージカル作品の方が観てみたいとすごく思うようになった私は……。

年とったのかしら？

寄る年波と寒さには勝てん（笑）。暖かくなったら皆さん、一緒に踊りましょう～。


（2015／1）

2 『アフリカの女王』

一九五一年、アメリカ・イギリス。ジョン・ヒューストン監督。主演はハンフリー・ボガート、キャサリン・ヘップバーン。

この作品は、私の気持ちが落ち込んでいる時にたまたま見つけた映画です。とにかく例外なく楽しくて面白い～。こういうのを観ていると、いやなことも全部吹っ飛んじゃう感じです。今、笑いが欲しい方におすすめですよ。

物語は……植民地時代のアフリカ。最初観ていると、かなりシリアスな感じで、いわゆる娯楽映画とは思えません。ここは細かくストーリーを説明するよりも、実際にご覧いただいた方がいいかもしれませんのでオミットします（笑）。

要はキャサリン・ヘップバーン扮する中年女性伝道師が、僻地《へきち》で共に活動していた兄たちの仇討《あだう》ち（復讐《ふくしゅう》）をするというお話です。

相手はドイツ海軍の戦艦。これを撃沈すべく、使用人らしき男（ハンフリー・ボガート）が乗っている小さな蒸気船、これが「アフリカの女王」という名前なのですが、これに手作りの魚雷を付けて二人で戦艦を沈めようとするのですから、ちょっと無茶です。果たして仇討ちは成功するのでしょうか……？

キャサリン・ヘップバーンは美しい女優さん、のはずですが……この作品では、どこにでもいるような普通の中年のおばさん。かたやハンフリー・ボガートも、うだつの上がらないアルコール依存症の、普段はまっとうな仕事をしていないようなおっさん。このさえない凸凹コンビがストーリーを展開していくのですが、不思議と退屈しないのです。「いったいこの二人はどうなっちゃうんだろう……？」とドキドキして観てしまいます。二人の演技力も絶妙でコミカル。役者が揃《そろ》ったとはよく言うものですが、まさにそんな感じです。

少しでも興味を持たれた方は、ぜひチェックしてみてくださいね！

ご覧になった方は、いっときでも時の流れや寒さを忘れることができると思いますよ～。

（2016／2）

3 ああ、勘違い！（『哀愁』）

今回は、私が以前、自分の恋愛などでうまくいかないときに、現実逃避も少しありますが……よく観た映画（ＤＶＤ）をご紹介します。

『哀愁』（原題『Waterloo Bridge』）。一九四〇年、アメリカ。マーヴィン・ルロイ監督。主演はヴィヴィアン・リー、ロバート・テイラー（少し古いです）。

この映画は『風と共に去りぬ』で一躍有名になったヴィヴィアン・リー主演の作品なので、ご存じの方も多いかもしれません。

物語は第二次世界大戦序盤。戦地へ赴く若き軍人（男）と街の踊り子（女）。ふとしたきっかけで二人は知り合い結ばれそうになりますが、ここからが試練の場。

婚約寸前に男は召集され戦死。それを知った女は、やけっぱちになり「夜の女」に堕落します。ですが男が死んだのは誤報で、女は勘違いしていたことにやがて気づきます。

最後に別れた駅舎で二人は偶然再会します。男の方は女が自分を待っていてくれたと思い、喜びます（ああ、勘違い！）。

このようにこの話は勘違いの連続によって不幸になりそうになる男女の物語なのです。

結末はハッピーエンド？　それとも悲惨な感じ？　……これはもう実際にご覧いただいてご自分の目で確かめた方がよいと思いますので、ここではあえて明かしません。興味のある方はぜひチェックしてみてくださいね！

さよなら、さよなら、さよなら……（淀川さんのマネのつもり）。

とにかくこの作品で感じるのは、恋愛や運命というのは、期待や希望と、勘違いや身の破滅などで成り立っているということ。良くも悪くも、どちら側になるのかは微妙でほんの紙一重なんだ、ということに気づかされます。

現在のご自身の恋愛状況に照らし合わせて振り返って考えてみてください。この映画を観て「ああ、俺は思い上がっていたなあ」とか「私は彼を拘束してるかしら？」など、いろいろ考えさせられるかもしれません。

この映画はそんな、それぞれのプライベートの戒めになる作品だと思います。ぜひご覧になってみてください。

（2016／2）

4 『シェルブールの雨傘』

今日は晴れましたが……天気の悪い時に観る映画作品をご紹介したいと思います。『シェルブールの雨傘』。一九六三年、フランス・西ドイツ。ジャック・ドゥミ監督。主演はカトリーヌ・ドヌーヴ、ニーノ・カステルヌオーヴォ。

第十七回カンヌ国際映画祭グランプリ受賞作品として有名ですし、女優のカトリーヌ・ドヌーヴの出世作でもありますので、ご存じの方も多いかもしれません。

映画全体の台詞《せりふ》をすべて歌にするという、これまでになかったスタイルを取り入れたミュージカルでもあります。

物語は……シェルブールの町の傘屋の娘と修理工の青年の恋のお話なのですが、これも戦争がきっかけとなって二人は引き離されてしまいます。

アルジェリアの戦地へ青年は赴くのですが、娘の方はすでに彼の子を身ごもっていました。やがて青年が戻ってきた時は、もうすでに遅く、娘は傘屋の店を閉めてそのままほかの男性と結婚してしまいます。

こうして二人は別々の相手と結ばれますが、数年後、偶然、青年が営んでいるガソリンスタンドで二人は再会するのです。映画の最後のシーンで二人は確認し合います。お互い

「あなたは今現在幸せかどうか?」ということを……。

現実は厳しい。どんなにお互い愛し合っていても、結ばれないこともある……という感じで映画は終わりますが。もしかしたら……? ですが、私はドゥミ監督があえて最後に二人を引き合わせるシーンを挿入することによって、「これはあくまで映画の物語のお話。それと違って現実はもう少しましな展開になるかもよ!」と暗にほのめかしているように思えてなりません。そうなると、この映画は少しは救いのある物語になる、と信じたいものです。

少しでも興味をお持ちの方は、ぜひチェックしてご覧になってみてくださいね。カトリーヌ・ドヌーヴがトレンチコートを着て、颯爽《さっそう》と歌うように台詞を言います。

この作品をご覧になったあなたは、この春、トレンチコートを着たくなりますよ(笑)。

(2016/3)

5 『昨日・今日・明日』

一九六三年、イタリア・フランス。ヴィットリオ・デ・シーカ監督。主演はソフィア・

ローレン、マルチェロ・マストロヤンニ。

イタリアを代表する大女優ソフィア・ローレンと、名俳優のマルチェロ・マストロヤンニの名コンビ。二人が共演した作品の中では、『ひまわり』などが有名ですが、この作品ではナポリ、ミラノ、ローマの三大都市を舞台にさまざまなカップルを演じ分けています。どの話も明るく開放的で、ハートウォーミングなコメディーに仕上がっています。

中でも私が印象的なのは、イタリアの人たちは今もそうかはわかりませんが、相手に遠回しに思いを伝えるために、外で大声で即興で歌を歌うシーンです（映画ではマルチェロ・マストロヤンニの友人が刑務所に入っている妻に夫の気持ちを伝えるシーンがあります）。

こういうのを日本でやるとしたら、例えば「太郎さんは花子さんのことを今でも好きだよ〜♪」という感じで歌うところです。ですが子供ならともかく、いくら歌が上手い人でも、日本の都会でいい大人が同じことをやったら、警察に通報されるか近所迷惑で訴えられかねませんよね（笑）。

国民性の違いでしょうか。明るく陽気なイタリア人の気質がよく表現されていて好感が持てます。

もし少しでも興味をお持ちになったらチェックしてご覧ください。

二人の名優の軽妙洒脱《しゃだつ》な演技。大変見どころですよ〜。

6 『史上最大の作戦』

（2016／4）

ゴールデンウィークを目前にひかえ、皆さんにテンションの上がる戦争映画をご紹介したいと思います。

原題は『THE LONGEST DAY』。一九六二年、アメリカ。ダリル・F・ザナック製作総指揮。主演はジョン・ウェイン、ヘンリー・フォンダほか。

私は子供の頃、よくクラシック音楽のレコードを聴かされて育ったのですが、ヨハン・シュトラウスの曲を気に入っていました。何というかリズムが軽快で、踊り出したくなるような旋律に感じられたからでした。

その次に関心を持ったのが行進曲（マーチ）でした。当時、家には「星条旗よ永遠なれ」とか映画『戦場にかける橋』の「クワイ河マーチ」などのいわゆる軍楽隊が演奏するような曲に特化したレコードがあって、それを聴いていたのでした（私は右翼ではありません）。

この『史上最大の作戦』のテーマ音楽も例外ではありません。皆さんも一度は耳にしたことがあるかもしれません。この作品については映画より先に音楽から関心を持ちました。

この映画は一九四四年六月六日の連合軍のノルマンディー上陸作戦を描いた作品ですが、全くの戦争娯楽映画ではなく、少し考えさせられるシーンもあります。

総勢五十二名のスター出演の「オールスターキャスト」なのですが、その中の一人にリチャード・バートンがいます。彼は戦闘中に負傷して衛生兵に手当てしてもらうイギリス空軍将校の役なのですが、その衛生兵が突然いなくなってしまうのです。その時に別の部隊の若い兵隊と出会います。彼の方も同僚や部下たちとはぐれてしまったわけです。

沈黙が戻った戦場で、リチャード・バートンは皮肉を込めたように若い兵隊に言います。

「君は仲間とはぐれる。私は身動きがとれない……戦争なんてそんなものさ……」と。

戦争というものについて少し考えさせられる作品です。もし少しでも興味をお持ちになったらチェックしてご覧ください。

ちなみにリチャード・バートンさんは、エリザベス・テイラーさんと二回も結婚したらしいです（笑）。

（2016／4）

7 『セント・マーティンの小径』

原題は『St.Martin's Lane』。一九三八年、イギリス。ティム・フェーラン監督。主演はチャールズ・ロートン、ヴィヴィアン・リー。

この作品はヴィヴィアン・リーの出世作です。彼女が出演した映画の中で初めてのミュージカル映画。歌って踊る……？　イメージがあまりない女優さんですが、この作品では女大道芸人を演じています。

物語は古き良き時代のロンドン。劇場脇のセント・マーティン通りで詩の朗読を商売にしている大道芸人のチャールズは、若い女スリのリバティと出会います。彼女の芸人の素質を見抜いたチャールズは、家に住まわせ仲間と一緒にグループを作って大道芸を始めます。ところがリバティだけが有名作曲家に認められ、やがてスターの座を射止めます。それを横目にチャールズは大道芸もやめて、落ちぶれて酒に溺れる日々を過ごすことになるのです……。その時リバティは……。

リバティ役のヴィヴィアン・リーは、のちに『風と共に去りぬ』のスカーレット・オハラの役に大抜擢《ばってき》されスターとなり、アメリカでも一躍有名になります。この映画のストーリーは実際の現実の彼女の運命を暗示しているかのように映ります。

そうですね。この作品はある意味ではさまざまな年代の人がその役に自分を置き換えて楽しめるかもしれません。この映画をご覧になる方々で年齢層が四十～五十代くらいの人には、大道芸人のチャールズの気持ちが少しわかるかもしれません。老いのつらさ、取り残された悲しみなど……そんな感情が彼には確かにあるでしょう。

一方で、年齢層が十～二十代ぐらいの人にはリバティに共感できるでしょう。夢や希望、恋愛や欲望、飽くことのない野心みたいなのが皆さんありますよね～。私もそうでした。

この作品はそういった世代を超えたところで誰もが共鳴するような、意外とよくありそうな話なのです。音楽と深く結びついた映画でもあるので、別の意味でも楽しめますよ。少し古い作品ですが、少しでも興味をお持ちになったらチェックしてご覧ください。

ゴールデンウィークにふさわしい粋な結末が、あなたを待ち受けているかもしれません……。

（2016／5）

8 『イノセント』

原題は『L'innocente』。一九七六年、イタリア・フランス。ルキノ・ヴィスコンティ監督。主演はジャンカルロ・ジャンニーニ、ラウラ・アントネッリ。

この作品はイタリア映画界の巨匠、ルキノ・ヴィスコンティ監督の遺作となった映画です。彼の映画の中ではそれだけ重く、救いようのないテーマを扱っているかもしれません。

この物語は二十世紀の貴族の社交界が舞台となっていますが、それは虚栄と倦怠《けんたい》を表す意味で効果的です。その狭い世界の中で常にゴシップを提供し続ける紳士、トゥリオ伯爵が本映画の主人公です。

彼は正妻と愛人という二人の女性の間で揺れ動く優柔不断な人間として登場します。彼はやがて取り返しのつかない事件を巻き起こし、二人の女性に拒否される羽目になり……。

最終的には自分自身に忠実でありながら、それらが罪であったことに気づき、彼は拳銃の引き金を引き自らの人生の幕を閉じることになります。本作品のテーマとなっているのは、おそらく題名どおり「イノセント」(「正直な」「忠実な」という意味)によるのは明らかです。

それで詳しい内容ですが……ここではあえて述べません。少しでも興味をお持ちになったらチェックしてご覧くださいね。

とにかくこの作品は、自己における苦しみを増幅させ、それらが罪深くなればなるほど、それだけ同程度の苦しみの報復を受けることになる、というわかりやすい例かもしれません。

ちなみにトゥリオ伯爵の愛人役の女優ジェニファー・オニールは、『おもいでの夏』では少年に憧れられる若い人妻を好演していますが、そのイメージとは打って変わって、ここでは悪女ぶりをいかんなく発揮しています。彼女の演技も要注目ですよ〜。


（2018／4）

9 集中力とは（『戦場にかける橋』）

突然ですが、皆さんは「集中力」というものについて考えたことがありますか？

私が考える集中力とは、「何かある目標（目的）に向けて自分が主体となって努力する場合に、ひとつの力となってそれを達成させるために発揮されるもの」だと思います。

例えば、自分がある事柄について考えたり、それについて作業を進める行動をとったりしたとき、ほかの思考や行動を抑制させるはたらきによって従来の精神機能をより高める一つの構えと言えます。

それでは集中力が発揮される場合とは……？

• ある環境において注意力を必要とする条件がある。
• 危険な状況など注意の必要性に迫られたとき。
• 何かある目標に向けて努力する、といったような場合。

ただしその目標は欲求や個人レベルのものではなく、自分自身の利害に何ら及ぶものではないかもしれません。

『戦場にかける橋』という映画作品があります。

この物語の舞台は第二次大戦中のビルマで、この地で捕虜となったイギリス軍兵士たちと日本軍がある一つの目標、ここでは架橋建設工事に向けて一致協力し合い、橋を建設していく展開の中に集中力が存在しているように思えます。

もともと敵同士いがみ合っていた日本軍とイギリス軍が、日本の捕虜収容所長とイギリス将校との交流が深まるにつれて、お互いの立場をくみ取り、やがては架橋建設工事へ向けて一致協力し、ついにはクワイ河に橋が架けられます。

ですが、それもつかの間、イギリス軍捕虜にとっては味方の連合軍の特殊部隊により、橋はあっけなく爆破されてしまいます。このような一連の物語の流れは戦争の無意味さ、非情さを語るうえで重要です！

しかし、ここで特筆すべきなのは、主人公である中佐をはじめとするイギリス軍捕虜たちの心理状態です。彼らにとって日本軍へ協力するのは、降伏したうえによりいっそう屈服することではないでしょうか？

にもかかわらず、彼らが日本軍の橋の建設に高い技術を駆使して協力するようになったのは、捕虜たちの代弁者的立場だった中佐が日本軍の収容所長に対して理解してもらおうと努力する姿勢もありますが、これはイギリス軍捕虜たちが自分たちというよりむしろ同胞であるイギリス人にしかない誇りや気高さのために心が動かされ、その行動に至ったとも言えます。

つまり、イギリス人の誇りは奪われていないことを日本軍にアピールしたかったのではないでしょうか。言いかえれば彼らにとってここで架橋建設工事を期限内に完成させるのは、イギリス人の誇りを勝ち取ることだったのです。

その誇りには自己の利害には何ら及ばない崇高さがあるのではないでしょうか。まさにそのことこそ集中力の本体と言いかえられるかもしれません。


（2018／6）

10

『ある愛の詩《うた》』

原題は『Love Story』。一九七〇年、アメリカ。アーサー・ヒラー監督。主演はアリ・マッグロー、ライアン・オニール。

物語は……ハーバード大学法学部のオリバーと、ラドクリフ女子大音楽部のジェニーは育ってきた環境も違いましたが、お互いに対する恋愛感情を無視できずにいました。

家柄や貧富の差にもかかわらず、お互い惹《ひ》かれ合い、激しく愛し合う気持ちを誰も止めることができません。裕福な父に、ジェニーと結婚するなら勘当すると言われたオリバーは、父の援助を受けずに結婚を選びます。

ジェニーはオリバーとオリバーの父を和解させようと試みますが、どうにもなりません。オリバーとジェニーは二人だけの力で新生活を築き上げていくのでした。

たった二人だけでも、お互いの愛があれば、どんな困難でも立ち向かって生きていけると信じていました。ところが、幸せな二人に残酷な悲劇が待っていたのです……。

エリック・シーガルの同名小説をもとに映画化。音楽はフランシス・レイ。そう、誰しも聴いたことのあるおなじみのテーマ曲です。私はサウンドトラックも聴きましたが、音楽だけでも素晴らしく作品を盛り上げてくれます。

「愛って何だろう……?」「親子の絆って何だろう……?」という疑問符に答えてくれそうな作品。

うだるような暑さが続く毎日ですが、これをご覧になってクールなラブストーリーにひたるのも一興かもしれません……。


(2018/7)

11 『ひまわり』

七月七日、今宵は七夕。皆さんいかがお過ごしですか? 笹の葉に願いをこめられましたでしょうか。

年一回の織姫と彦星が出会える日。夜空を見上げれば、天の川が見えるでしょうか?

今回ご紹介する映画は、男女の心の機微を描いた作品です。

『ひまわり』。一九七〇年、イタリア・フランス・ソ連・アメリカ。ヴィットリオ・デ・シーカ監督。主演はソフィア・ローレン、マルチェロ・マストロヤンニ。

物語はナポリで幸せな結婚式を挙げたジョバンナとアントニオ。しかし、戦争によってアントニオは厳冬のロシア戦線に送られ、行方不明になってしまいます。

戦後、復員兵から夫の情報を集め、ひとりモスクワを訪れるジョバンナ。ですが、そこで見たものは、アントニオの新しい妻と可愛い娘の姿でした……。

デ・シーカ監督は戦争によって引き裂かれた男女の悲劇を情感豊かに描き出しています。戦争の傷跡を象徴するひまわりと、哀しみをたたえたテーマ曲も印象的です。

日本では、終戦記念日がありますよね。毎年夏になると、戦争と日本人について考える時期になると言われています。

今年は『ひまわり』に思いを馳《は》せて、いつもと違った観点から、あらためて戦争について見つめ直すのもいいかもしれません。

ご興味がありましたらチェックしてご覧くださいね。ローレン&マストロヤンニのコンビが紡いだ最高傑作のひとつです。

（2018／7）

12 『太陽がいっぱい』

一九六〇年、フランス・イタリア。ルネ・クレマン監督。主演はアラン・ドロン、モーリス・ロネ。

物語は……イタリアで遊ぶ大富豪の息子フィリップは、貧しい青年トムと行動を共にしていました。トムはフィリップの旧友として彼をアメリカの家へ帰宅させるために、父親の依頼でやってきたのです。

しかし、帰る気のないフィリップは、トムを下僕のように扱います。いつしかトムの胸の内には、フィリップになり代わって、彼の富と美しい恋人を自分のものにしたいという欲望が生まれてきたのです……。

アメリカの作家、パトリシア・ハイスミスの原作を巨匠ルネ・クレマン監督が映画化。名優アラン・ドロンの出世作にして代表作。

観ているうちに誰しもいつの間にかアラン・ドロンになったつもりになって、彼を応援しているのに気づくはずです。ラストのどんでん返しには、「これぞ映画の醍醐味《だいごみ》！」と感じさせられます。ニーノ・ロータのテーマ曲も作品を盛り上げてくれます。もし少しでも興味をお持ちになったらチェックしてご覧くださいね。

暑い日が続きますが、『太陽がいっぱい』の主人公に自分を重ね合わせ、残暑を楽しむのも一興かもしれません。

（2018／8）

13 『ルートヴィヒ～神々の黄昏《たそがれ》』

一九七二年、イタリア・西ドイツ・フランス。ルキノ・ヴィスコンティ監督。主演はヘルムート・バーガー、ロミー・シュナイダー。

この作品は、あのノイシュヴァンシュタイン城で有名なバイエルン王国の国王となったルートヴィヒ二世の物語です。彼は当時有名だった作曲家ワーグナーに心酔し、当時の額としてはかなり巨大な国費を注ぎ込みます。

舞台は十九世紀のヨーロッパ。十八歳の若さで国王となったルートヴィヒは、何か満たされないものに悩んでいました。やがて〝狂王〟と呼ばれ、四十歳の若さで謎の死を遂げます……。

物語の一連の流れから判断して、理想を追い求め過ぎて現実から目を離すと、結局は自分自身を縛ることとなり、それによって苦しみが増幅すると言えます。ルートヴィヒは自我を確立する経験が浅い状態のまま大人になってしまったとも言えます。

言いかえれば、すべての条件が揃っている環境に置かれたため、それを現実に照らし合わせる選択能力に欠けていたのかもしれません。つまり、人間は自我を意識する経験が浅いほど、若ければ若いなりにその周囲との現実が障害となり、そこに苦しみを増大させる要因を自ら築いてしまうものなのです。

もし少しでも興味をお持ちになったら、チェックしてご覧くださいね。物語も勉強になりますが、舞台セット、衣装など絢爛《けんらん》豪華なヴィスコンティの世界が堪能できますよ。

（2018／8）

14 『昼顔』

一九六七年、フランス・イタリア。ルイス・ブニュエル監督。主演はカトリーヌ・ドヌーヴ、ジャン・ソレル。

物語は、若く美しいセヴリーヌは、医師の妻として貞淑に振る舞っていましたが、心の内にはマゾヒスティックな性的欲望が渦巻いていました。友人の話から上流階級の婦人が客を取る売春宿の存在を知った彼女は、「昼顔」という名で昼間だけそこで働き始めますが……。

主人公セヴリーヌを演じるのは『シェルブールの雨傘』で国際的スターとなったカトリーヌ・ドヌーヴ。最初にご紹介しましたよね。彼女はここでは不気味な人妻を演じ切っています。

シュールレアリスムから出発し、フランス、メキシコで活躍したスペイン出身の巨匠、ブニュエル監督の最大のヒット作と言われています。

もし少しでも興味をお持ちになったら、チェックしてご覧くださいね。

秋の夜長、シュールな美しさにひたるのもいいかもしれません……。

（２０１８／９）

15 『ブーベの恋人』

一九六四年、イタリア・フランス。ルイジ・コメンチーニ監督。主演はクラウディア・

カルディナーレ、ジョージ・チャキリス。

物語は第二次大戦直後のイタリアの地方都市で展開されます。主人公であるマーラは、ふとしたことから殺人を犯してしまった恋人であるブーベをひたむきに愛し続けます。かつて彼はパルチザンの英雄でしたが、家は貧しく今では警察に追われる身でした。ですが、ブーベは仲間の計らいで国外逃亡に成功します。そして愛するマーラと一時的に別れることになります。マーラの方は町工場で働いている時に知り合った印刷工のステファノという真面目な青年に出会ってしまうのですが……。

マーラ役のカルディナーレが初々しい魅力を放っています。ブーベ役のチャキリスも陰のある青年を好演しています。二人ともお似合いのコンビで作品を盛り上げてくれます。

そうそう、カルディナーレは女優のお仕事をする前に学校の教師をやっていたそうですよ。インテリなんですね～。

もし少しでも興味をお持ちになったらチェックしてご覧くださいね。この映画は「愛」と「生きがい」について考えさせられる作品かもしれません。

（2018／11）

16 『お嬢さん、お手やわらかに！』

一九五八年、フランス。ミシェル・ボワロン監督。主演はアラン・ドロン、ジャクリーヌ・ササールほか。

物語は……アガト（パスカル・プティ）の結婚披露パーティーに、招待されないのにやってきたのはジュリアン（アラン・ドロン）でした。ジュリアンに捨てられた腹いせに、三十二歳のアンドレと結婚したアガトは腹を立てますが、同時にまだジュリアンを忘れられない自分に気づきます。

アガトの友人サビーヌ（ミレーヌ・ドモンジョ）もこのプレイボーイに心惹かれ、デートの約束をします。ですがジュリアンはデートをすっぽかしてしまいます。怒ったサビーヌにジュリアンは再び日曜の夜のデートの約束をしますが、サビーヌはこの前ふられた対抗心で、時間に遅れていくことにします。

別のボーイフレンドと付き合っていたというふれこみにするため、修道院の寄宿学校にいる親友のエレーヌ（ジャクリーヌ・ササール）とデートの時間を過ごします。しかし、別れたはずのエレーヌが、のこのこと二人のランデブー現場にやってきてしまいます。エレーヌを見たジュリアンは一目で気に入ってしまい、大胆にもエレーヌのいとこを偽って修道院を訪れますが……。

若き日のアラン・ドロンのお調子者ぶりが冴えています。ジャクリーヌ・ササール、ミレーヌ・ドモンジョ、パスカル・プティの豪華三人娘との共演で話題となりました。結末はどうなってしまうんだろう？　と思ってしまいますが、粋なラストが待っています。

もし少しでも興味をお持ちになったら、チェックしてご覧くださいね。

この作品を観ながら如才なく春を満喫しましょう……。

（2019／3）

17 『鬼火』

一九六三年、フランス・イタリア。ルイ・マル監督。主演はモーリス・ロネ、ジャンヌ・モロー。

物語は……「明日、死のう」、そう言って主人公のアランはかつての友人たちを次々と訪ねます。二十四時間の行脚の中で、彼はますます人々とつながるパイプを見失い、自身の絶望を確認してゆきます。

アランはかつては社交界の花形的存在でしたが、現在はアルコール依存症患者として療養所で暮らしています。ですが、死に取り憑《つ》かれており、最後は自ら死を選択することになりますが……。

二十年以上前、この作品についてほかの媒体で論文を発表した経験のある私は、現在の時点であらためて映画を見直すと新しい視点を感じられました。以前は単なる現実逃避、自殺願望のある青年の物語と思い込んでいましたが、主人公は今で言う「発達障害」だったのではないだろうか、と思ったところです。

普通の人間の精神状態を超えてしまったのには違いありませんが、今でこそ認知されてきてはいるものの、まだこの作品が公開された当時は、発達障害という病気は考えられていませんでした。でもそれに当てはめてみると、主人公の性格や考え方がある程度ですが、理解できると思います。なぜなら、彼が友人たちを訪ねて現実と非現実のギャップを認識させられるシーンがあるからです。

発達障害の人々は多かれ少なかれ、常々そのようなギャップで苦しんでいるという話をよく聞きます。ですが、このような感覚は、なにも発達障害と括《くく》らなくても、人間誰しも多少なりともあるはずです。そうです、私にも同じようなところがあるかもしれません。

ルイ・マル監督はそんな「誰でも陥りそうな概念」をそっと抽出して、私たちに拡大して見せてくれたのにすぎないのかもしれません。これは財閥の御曹司だった監督ルイ・マル自身の、自らの生い立ちへの決別状であり、彼が選ばなかった不幸なもう一つの生き方への清算書だったのに違いありません。

音楽はエリック・サティ。不安・精神の飢餓を漂わせるスクリーンに「ジムノペディ」、「グノシエンヌ」の渇いた旋律が溶け込み、異様なほどの寂寞《せきばく》感を醸し出しています。サティ音楽の静かなブームが本作品によって起こったそうです。

もし少しでも興味をお持ちになったら、チェックしてご覧くださいね。

こういう生き方を選ばない、と強く信じてやっていきたいものです……。

（2019／5）

18 『モンパルナスの灯』

一九五八年、フランス。ジャック・ベッケル監督。主演はジェラール・フィリップ、アヌーク・エーメ。

物語は……一九一九年、第一次大戦後のパリ。モンパルナスに集う芸術家たちの中に、若き画家モディリアーニの姿がありました。カフェで客の肖像画を描いて日銭を稼ぎ、画家として評価されない苛立《いらだ》ちのなか荒《すさ》んだ暮らしをする彼は、ある日美術学校で画学生ジャンヌと出逢い激しい恋に落ちます。

貧しくも新たな生活を始めようとしますが、ジャンヌの父の反対で二人は引き離されます。そして絶望するモディリアーニの身体を病魔が蝕《むしば》んでゆくのです……。

フランスの貴公子ジェラール・フィリップが、モディリアーニ自身が乗り移ったかのような激しい演技を見せた伝記的映画です。彼もまた本作のあと、数本に出演し、画家と同じ三十六歳でこの世を去りました。マックス・オフュルスの急逝により監督・脚本をフレンチ・フィルム・ノワール、『現金に手を出すな』などで知られるジャック・ベッケルが担当し、彼の代表作となりました。

モディリアーニの友人役の人物の好演が印象的です。彼はモディリアーニの絵を売るために東奔西走するわけです。そして意地悪な画商に置物を投げつけます。そんな彼に心意気を感じました。モディリアーニもそんな友達のためにも、もう少し頑張ってほしかったなあ、と思わせます。

もし少しでも興味をお持ちになったら、チェックしてご覧くださいね。

この季節の折、モディリアーニに思いを馳せて美術館巡りするのもいいかもしれません。

（2019／6）

19 『アラン・ドロンのゾロ』

一九七五年、イタリア・フランス。ドゥッチオ・テッサリ監督。主演はアラン・ドロン、オッタヴィア・ピッコロ。

物語は……剣の達人ドン・ディエゴは故郷スペインに帰る途中、偶然旧友のミゲルに会います。ミゲルはニュー・アラゴンの新総督に任じられ、妻子を伴って任地に赴く途中でした。ですが、再会を喜び祝杯を交わした夜、ミゲルは何者かに暗殺されてしまいます。ディエゴは親友の死を悼み、復讐を誓ってニュー・アラゴンへ行く決心をします。メキシコ領ニュー・アラゴンは前総督亡きあと、護衛兵隊長ウェルタ大佐が軍隊を率いて圧政・横暴の限りを尽くしていました。

新総督になりすましたディエゴは、敵を欺き、黒馬、黒装束、黒マスクの騎士となり、人々の窮地を救ってたちまち民衆の偉大な英雄になっていくのです……。

ジョンストン・マッカレーの世界的ベストセラー『怪傑ゾロ』をアラン・ドロンが華麗に演じています。歯切れのよいストーリー展開、痛快なアクション、加えて甘いロマンス。特にラスト十五分間に及ぶ決闘シーンはテッサリ監督の絶品の演出で、映画史上に残る名クライマックスと絶賛されました。

『太陽がいっぱい』では追われる身となり他人になりすましたアラン・ドロンでしたが、今回は親友の仇を討つため、追う身となって新総督になり、時には「ゾロ」となって大活躍。

勧善懲悪のストーリーですので、難しいことは考えずに気楽に観ることができます。アラン・ドロンの主演第五十作記念作品だそうなので、もし少しでも興味をお持ちになったら、チェックしてご覧くださいね。

アラン・ドロンさん、お疲れさま～。

もうすでにご存じの方も多いかもしれませんが、先月、南フランスで開かれた第七十二回カンヌ国際映画祭でアラン・ドロンさんに、映画への長年の貢献をたたえて名誉パルム・ドールが贈られました。

ドロンさんは客席に「皆さんが私をスターにしてくれた」と感謝の意を述べました。すでに引退を表明しており「今日は私のキャリアの最後」と話されたそうです。

ドロンさん、本当に長い間、お疲れさまでした。これからも私はドロンさんを応援し続けます。いつまでも素敵な存在でいてくれることを切に願っています。パルム・ドールおめでとうございます！

暑くなる季節ですので、くれぐれもご自愛くださいね～。

20 『最後の標的』

一九八二年、フランス。ロバン・ダヴィー監督。主演はアラン・ドロン、カトリーヌ・ドヌーヴ。

物語は……腕利きの暗殺者マルタンは、殺し屋稼業から足を洗って貯えた金で暮らそうとしますが、組織のボスはそれを許しません。

組織に追われ、田舎の農場に身を隠していたマルタンは、夫に虐げられる人妻クレールと出会い恋に落ちます。そこへテロリスト集団が来襲。マルタンの正体を知りショックを受けるクレールでしたが、一緒に逃げることを決心します。クレールとの自由を手に入れるため、マルタンは決着をつけるべく組織に乗り込んでゆくのですが……。

引退を決意した暗殺者と組織との執拗《しつよう》な闘いを描く、ジャン・パトリック・マンシェットのノワール小説『眠りなき狙撃者』を映画化。脚本にも参加したアラン・ドロンは、冷酷なだけでなく人間臭さのある殺し屋を演じ、色香漂う人妻役のドヌーヴとのロマンスも美しいです。

（2019／6）

一文無しになったドロンがドヌーヴにコートを投げつけて「俺を好きか」と尋ね、頬を張り合ったあとで抱き合います。円熟味を増した二人の演技は見どころの一つです。もし少しでも興味をお持ちになったら、チェックしてご覧ください。

梅雨も明けたようで、眠れぬ暑い夜にぜひ……。

（2019／7）

21 フェリーニの『道』

今日はクリスマス。皆さん、クリスマスはどうやって過ごしていますか？　私はいつも家族と一緒に楽しんでいます。

でも、何らかの事情で楽しく過ごせなかった方々のために、それを取り返す意味で私おすすめの映画をご紹介したいと思います。

『道』。一九五四年、イタリア。フェデリコ・フェリーニ監督。主演はアンソニー・クインン、ジュリエッタ・マシーナ。

物語は……粗野な旅芸人ザンパノに、たった一万リラで売り飛ばされた娘ジェルソミーナ。町や村への巡業を続ける二人でしたが、自分勝手で女癖の悪いザンパノに嫌気がさしたジェルソミーナは、彼のもとを離れてしまいます。

祭礼の夜、綱渡り芸人イル・マットの華麗な演技に魅了されるジェルソミーナ。しかし、イル・マットはザンパノと因縁を持つ男だったのです……。

巨匠フェリーニの出世作にして、数多くの映画賞に輝く永遠の名作です。フェリーニ最愛の妻ジュリエッタ・マシーナと、アンソニー・クインの見る者を惹きつける演技と、ニーノ・ロータの哀感漂うメロディーが耳から離れません。

どんな人間でも何かの役に立っている、人は一人では生きていけない、皆に支えられて今日の自分はいる、そんなことをあらためて思い知らされます。この作品の結末は悲劇的ですが、ただそれだけで終わらない何かがあるように見受けられます。

生きていく意味において、人間の強さやたくましさ、または弱い部分もひっくるめて生きているということ。感傷的な気分になったところで「あ……自分は生きている……」と実感できるような気がするからです。

クリスマスを楽しめなかった方も、そうでない方も、この作品をチェックしてご覧になって生きている実感を持っていただければ幸いです。時間はあります。年末年始のお休みを利用してあなただけのクリスマス、やり直しましょう！

22

『男と女』

（2019／12）

一九六六年、フランス。クロード・ルルーシュ監督。主演はジャン＝ルイ・トランティニャン、アヌーク・エーメ。

一九六七年のアカデミー賞外国語映画賞、オリジナル脚本賞受賞、同年のゴールデングローブ賞外国語映画賞、主演女優賞。一九六六年にはカンヌ国際映画祭グランプリを受賞しています。

「♪ダバダバダ〜♪」のメロディーで知られる、恋愛映画の金字塔です。

パリで一人暮らしをするアンヌとカーレーサーのジャンは、ドービルにある同じ寄宿舎に娘と息子を預けていることから知り合い、惹かれ合いました。ですが、いまだつらい過去を忘れられない二人は……。

流麗なカメラワーク、カラーとモノクロームを大胆に使い分けたモンタージュ、そして甘美なメロディーが「運命的な出会い」に魅入られた男と女の恋を浮き彫りにしていきます。映像とサントラ、そして名演のみごとにシンクロした珠玉のラブストーリーは、いま観ても新鮮な衝撃を与えることは間違いありません。

私ももう何度も観ていますが、この作品がきっかけとなってフランシス・レイの音楽を知りました。とにかく映像だけでなく、これだけそこに使われている音楽が効果的に利用された作品は珍しいと思います。まるでミュージカル映画のように、あとで音楽を聴きたくなるような感じがすごくしました。映像における音楽の重要性をあらためて認識させられました。

これは音楽を聴くように気軽にご覧いただきたい作品です。観ているうちに、いつの間にか映画の主人公の恋人たちに自分を重ね合わせて観ているような気になるはずです。もし少しでも興味をお持ちになったらチェックしてご覧くださいね。


この『男と女』の続編が、二人の出会いから五十三年後の現在の設定で、映像として蘇《よみがえ》ります。

監督、キャストも同じです。一月三十一日（金）から全国ロードショーで公開されるそうです。私も観に行きたいです。

詳しくは新聞その他で紹介されているので、そちらも併せてどうぞ！

23 『スワンの恋』

（2020／1）

一九八三年、フランス・西ドイツ。フォルカー・シュレンドルフ監督。主演はジェレミー・アイアンズ、オルネラ・ムーティ。セザール賞受賞。

物語は……十九世紀末のパリ。社交界の花形シャルル・スワンは一人の女性への思いにとらわれていました。彼女の名はオデット。馬車の上で、彼女が胸につけていたカトレアの花を直すため、彼女に触れた瞬間から、彼は彼女に恋したのでした……。

二十世紀の文学を革新した傑作小説、マルセル・プルーストの『失われた時を求めて』全七編のうちの第一編「スワン家の方へ」を、『ブリキの太鼓』（一九七九）のフォルカー・シュレンドルフ監督が、『運命の逆転』（一九九〇）のジェレミー・アイアンズの主演で映画化しました。オデット役はイタリアの名花オルネラ・ムーティ。スワンの友人シャルリュス男爵役でアラン・ドロンが共演しています。

私の母が若い頃、このプルーストの小説を読んだそうです。「紅茶に浸したマドレーヌの香りとともに、その瞬間からすべての記憶が蘇る……」といったような描写があったらしいのですが、これはスワンの恋の展開に似通っている気がします。でも、難解な文章なので、途中で挫折してしまい読むのをやめたそうです。

そうです。こういった文章を書くプルースト自身も病んでいたのかもしれません。でもそこに真実が隠されているかもしれないと、この作品を観て思いました。確かに原作をちょっと読んでみたくなるような映画です。もし少しでも興味をお持ちになったら、チェックしてご覧くださいね。

『失われた時を求めて』と併せてどうぞ!

（2020／1）

24 『慕情』

一九五五年、アメリカ。ヘンリー・キング監督。主演はウィリアム・ホールデン、ジェニファー・ジョーンズ。アカデミー賞三部門受賞。

物語の舞台は一九四九年の香港。パーティーで知り合ったアメリカ人新聞記者のマークと恋に落ちた女医で未亡人のハン・スーイン。ですが朝鮮戦争の勃発とともにマークは従軍記者として戦場に向かい、二人は離れ離れとなってしまいます……。

中国人とベルギー人の血を引く女医ハン・スーインの自伝小説の映画化です。アカデミー賞受賞の主題曲に乗せて、恋の素晴らしさを甘美に綴《つづ》った恋愛映画の傑作です。運命のいたずらにもてあそばれる恋人たちを、ウィリアム・ホールデン、ジェニファー・ジョーンズが甘く切なく演じきっています。

あいびきを重ねた思い出の小高い丘に立ち、帰らぬ男性を待つヒロインの姿は永遠に涙を誘います。美しい香港の景観がこの悲恋物語に花を添えて感動を鮮やかなものにしています。

二人が結婚の約束を中国人の親族たちの前で報告するシーンがあるのですが、それを了承する意味で、二人に親族たちが次々と翡翠《ひすい》のブローチのようなものを渡すのですが、これは中国の古いしきたりのようで印象的です。大切なものを相手に託すことで、相手を理解するという意味があるらしいです。ほかにも中国の当時の庶民の暮らしぶりが垣間《かいま》見られるシーンがあって興味深かったです。

この物語の結末は悲劇的ですが、なぜか少し希望が持てるようなラストが救いです。もし少しでも興味をお持ちになったらチェックしてご覧ください ね。

これを観ながら新年早々、一九四九年の香港にタイムトリップしちゃいましょう（笑）。

25『サムライ』

（2020／1）

一九六七年、フランス・イタリア。ジャン＝ピエール・メルヴィル監督。主演はアラン・ドロン、フランソワ・ペリエ。

物語は……クラブオーナーを殺害した殺し屋ジェフ・コステロは容疑者として連行されるものの、完璧に工作したアリバイにより放免されます。ですが、依頼人から差し向けられた金髪の男に発砲され、腕に傷を負います。

一方、コステロを犯人と信じて疑わない警視も、徹底した尾行や盗聴、フィアンセへの揺さぶりで追い込んでいきます。果たしてコステロの運命は……？

フレンチ・ノワールの巨匠ジャン＝ピエール・メルヴィルがアラン・ドロンを主演に迎えた、映画史上最もクールな逸品です。グレーと深い青を基調とした撮影は名匠アンリ・ドカ。バッハとジャズが共存するフランソワ・ド・ルーベの音楽も魅力です。

作品全体の台詞や会話を最小限に抑えた演出は、主人公のアラン・ドロンの無口でニヒルな魅力を際立たせています。一種の沈黙が作品全般をおさめ、サムライの武士道を説明しているかのようです。

アラン・ドロンの代表作として『太陽がいっぱい』が挙げられますが、この作品もそれに次ぐものと言っていいかもしれません。

もし少しでも興味をお持ちになったらチェックしてご覧くださいね。

皆さん、クールにこの早春を駆け抜けましょう！


（2020／3）

26 『国境は燃えている』

一九六五年、イタリア。ヴァレリオ・ズルリーニ監督。主演はトーマス・ミリアン、マリー・ラフォレ。

物語は……第二次大戦中、ドイツ・イタリア両軍の占領下にあったギリシャ。イタリア軍中尉はギリシャ人慰安婦を国境部隊へ送り届ける任務に就きます。旅を続けるうちに中尉は美しい無口な慰安婦へ惹かれていくのですが……。

マカロニ・ウェスタンのスター、トーマス・ミリアンが主演した、戦時下の悲恋を描く反戦映画です。慰安婦を演じたのは『太陽がいっぱい』のマリー・ラフォレ、ゴダール映画のミューズ、アンナ・カリーナら美しい女優たち。特にアンナ・カリーナの演技が素晴らしく、インパクトのある役どころに仕上がっています。

もし少しでも興味をお持ちになったらチェックしてご覧くださいね。日本ももうすぐ原爆投下の日と終戦記念日を迎えますが、この前の戦争についてあらためて見直すのもいいかもしれません。

この作品も戦争の悲惨さを十分伝えるものとなっています。

（2020／8）

27 『愛すべき女《め》・女《め》たち』

一九六七年、フランス・西ドイツ・イタリア。オムニバス全六話。

第一話「前史時代」。化粧を発見し、美女に大変身した女が男を翻弄する、史上最古の愛の物語。フランコ・インドヴィナ監督。主演はミシェール・メルシエ。

第二話「ローマの夜」。浮気癖のある皇帝が売春宿へお忍びで遊びに行くと、なんとその相手は后妃であった……という話。マウロ・ボロニーニ監督。主演はエルザ・マルティネリ。

第三話「マドモアゼル・ミミ」。金と男に百戦錬磨のパリジェンヌ。しかし貴族に化けた男にだまされてしまう。フィリップ・ド・ブロカ監督。主演はジャンヌ・モロー。

第四話「ベル・エポック」。玉の輿《こし》に乗るべく可愛い女を演じきり、見事大成功を収めた女性の話。ミヒャエル・フレガール監督。主演はラクエル・ウェルチ。

第五話「現代」。流しの売春をしていた二人の女性はある日、奇想天外な売春方法を考案、さっそく実行してみますが……。クロード・オータン＝ララ監督。主演はナディア・グレイ。

第六話「未来願望」。男女の恋愛禁止となった近未来。一組の男女が出会い、愛の行為を発見していく話。ジャン＝リュック・ゴダール監督。主演はアンナ・カリーナ。

原題は日本語で直訳すると『世界一古い職業』であり、女性の最初の職業と言われる娼《しょう》婦《ふ》のことです。各時代の娼婦たちの愛の物語をヨーロッパ随一の名匠、巨匠の手により描くオムニバスの名作です。

上述のように各話とも独特のストーリーが展開しますが、特に第六話のゴダール監督の作品は異彩を放っており、近未来の挿話ですが、まるで現在の世界のコロナ禍の世の中を暗示しているようで、何だかぞっとします。ゴダール監督はある意味、予言者なのでは、とも少し思ってしまいます。

もし少しでも興味をお持ちになったらチェックしてご覧くださいね。

娼婦たちの物語に思いを馳せて、秋の訪れにひたりたいものです。

（2020／9）

28 『経験～The first time～』

一九六九年、アメリカ。ジェームズ・ニールソン監督。主演はジャクリーン・ビセット、ウェス・スターン。

物語は……ケニー、マイク、トミーの三人は、「自転車さえあれば」という年頃を卒業して、こわごわ女の子に興味を持ち始めたティーンエイジャー。できれば可愛い女の子と親しくなり、自然の成り行きで初体験をと考え、三人は一大決心をしてナイアガラ観光地をふらつき、カナダ側へ遠征しました。

午後になってもなかなか女の子はひっかかりません。無駄に一日が終わるかと思った時、アンナという美しい女性と出逢いますが……。

二人きりになった時、ケニーはアンナに初体験の悩みを打ち明けますが、それに対しアンナは「若い男の子は物事を大げさに言うもの」と諭します。この言葉が伏線となって、ケニーとアンナが最後別れる時にも「大げさに考えないで」と告げるのでした。

若い少年にアドバイスする年上のアンナ役のジャクリーン・ビセットは美しく颯爽としていて、ある意味格好可愛いです。本作品のあとの彼女の輝かしいキャリアを象徴しているかのようです。

もし少しでも興味をお持ちになったらチェックしてご覧くださいね。

『経験～The first time～』に思いを馳せて、初めて人を愛した若き日々の切なくも忘れられない思い出を回顧してみましょう……。

（2020／9）

29 『巴里《パリ》祭』

一九三三年、フランス。ルネ・クレール監督。主演はアナベラ、ジョルジュ・リゴー。

物語は……革命記念日の前日七月十三日、お祭り気分で活気あふれるパリの町。タクシー運転手のジャンは、向かいのアパルトマンに住む花売り娘のアンナと軽口をたたき合いながら惹かれ合っていました。その日の夜、レストランにやってきた酔っ払いのイマック氏と騒動があり、アンナは花売りをクビになります。

落ち込むアンナとジャンは踊りに行き、突然降りだした雨が二人の距離を近づけました。翌日またダンスに行く約束をした二人でした。しかし、ジャンの部屋に昔の恋人ポーラが舞い戻ってきます。誤解をしたアンナはジャンとけんかし約束を断りますが、そのすぐあとにアンナの母が亡くなってしまいます。アパルトマンにいられなくなったアンナはジャンとそのまま離れ離れに。

ジャンはポーラに唆《そそのか》され犯罪者に身を落とします。ビストロで働き始めたアンナの店に、偶然ジャンの仲間が強盗に入り、二人は再会を果たしますが……。

この作品はルネ・クレール監督の初期の代表作で、日本でも一九三三年に公開され大ヒットしました。主演の花売り娘を演じるアナベラは、その可憐《かれん》な美しさから多くのファンを生みました。印象深い調べを奏でるモーリス・ジョベールの名曲も多くの日本人に愛されました。

思いがけない運命によってすれ違ってゆく男女の恋物語ですが、最後に思いがけない形で二人が出会うところは、物語だと頭ではわかっていても、うれしくなるというか、ときめきのようなものを感じさせる作品です。

もし少しでも興味をお持ちになったらチェックしてご覧くださいね。

『巴里祭』に思いを馳せて、今年の暑かった夏を振り返るのもいいかもしれません。

（2020／9）

30 『去年マリエンバートで』

一九六一年、フランス・イタリア。アラン・レネ監督。主演はジョルジョ・アルベルタッツィ、デルフィーヌ・セイリグ。

物語は……凝った装飾の施された古風で豪華なホテル。男Xは、夫らしき男Mと滞在している女Aに、「去年フレデリクスバートで会いましたね」と話しかけます。Aはそれを否定しますが、「ではマリエンバートだったかも」と執拗に語りかけるXの言葉にAは次第に説得されてゆくのですが……。

『二十四時間の情事』(一九五九)で長編デビューを果たしたアラン・レネ監督の、前作以上に論議を呼んだ長編第二作です。脚本はヌーヴォーロマンの代表的作家で、のちに映画監督にもなったアラン・ロブ＝グリエ。Aを演じるデルフィーヌ・セイリグは、本作が長編映画初出演です。

冒頭から作品全体を荘重な音楽と計算され尽くした映像が支配し、独白と沈黙の連続です。前衛的な意味合いが強い作風ですが、舞台の幕間《まくあい》のように、聴こえない音が聴こえてくるような、見えていない現象が見えてくるような、ある種の隠れた部分を想像させる演劇的要素の濃い作品のような気がしました。

もし少しでも興味をお持ちになったらチェックしてご覧くださいね。

『去年マリエンバートで』に思いを馳せて、庭園と駆け落ちについて考えるのもいいかもしれません……。

(2020/10)

II

31 『気狂いピエロ』

一九六五年、フランス・イタリア。ジャン＝リュック・ゴダール監督。主演はジャン＝ポール・ベルモンド、アンナ・カリーナ。

物語は……金持ちの妻と結婚して退屈な日々を送っていたフェルディナンは、再会した昔の恋人マリアンヌを車で送ってそのまま一晩過ごします。翌朝、部屋には首にハサミを突き立てられた男の死体がありました。やってきた別の男を気絶させ、訳はあとで話すというマリアンヌに急《せ》き立てられて、フェルディナンは逃避行を始めるのですが……。

映画史を変えたデビュー作『勝手にしやがれ』（一九五九）と同じベルモンドの主演で、青春を過ぎた男の、破滅に向かう無軌道を描くヌーヴェル・ヴァーグの最高傑作です。色彩と音楽の乱舞、テキストとイメージの奔流が見る者を圧倒する、溝口健二監督の『山椒大夫』（一九五四）へのオマージュと言われるラストシーンは今や伝説です。

共演は六〇年代ゴダールのミューズ、アンナ・カリーナ。パーティーのシーンで、ゴダールの敬愛するアメリカの映画監督、サミュエル・フラーが本人役で特別出演しています。

作品全体に画面の中に必ずと言っていいほど、赤が差し色のように使われてアクセントになっています。出演者の衣装、例えばマリアンヌの着ているトップスやドレス、ワンピースだったり、フェルディナンのスーツの中のシャツが赤色だったりと……思わず私はルノワールの『赤い帽子の女の子』の絵を連想してしまいました。そのルノワールも本作品の中でテキストでちらっと引用されています。とにかくこういった映像における一種の法則性は、ゴダール特有の美学かもしれません。

もし少しでも興味をお持ちになったらチェックしてご覧くださいね。『気狂いピエロ』に思いを馳せて、移ろいゆく季節を過ごしましょう。

（2020／10）

32 『旅情』

一九五五年、アメリカ。デヴィッド・リーン監督。主演はキャサリン・ヘップバーン、ロッサノ・ブラッツィ。

物語は……秘書として多忙な日々を送るうち、婚期を逃してしまったアメリカ人女性ジェーン。失った時間を取り戻すため、彼女は一人ヴェニスを訪れました。美しい風景に酔いしれる反面、どこか満たされない思いを抱える中、彼女はカフェで出会った紳士レナートに一目惚《ぼ》れ。その後、偶然にも彼が経営する骨董《こっとう》店で再会した二人は、程なくして恋に落ちます。ですが、レナートにはジェーンには言えないある秘密があったのです……。

『ドクトル・ジバゴ』『アラビアのロレンス』の巨匠デヴィッド・リーンが、アカデミー賞主演女優賞最多受賞記録（四回）を持つ名女優キャサリン・ヘップバーンを主演に迎え、恋に臆病な女性の心を情感豊かに綴り上げたラブストーリーの最高傑作です。オールロケーションを敢行したヴェニスの鮮やかな街並みはまさに圧巻です！　めくるめく魅惑の映像が、観る者すべての旅情をかき立てます。

本当に映像が素敵で、一人旅するキャサリンの視点ですが、まるで水の都ヴェニスを自分が旅しているような気分にさせてくれます。カフェでジェーンとレナートがいるテーブルに花屋が小さな切り花を売りに来るのですが、ジェーンはくちなしの花を選びます。そしてレナートにこれを選んだ理由とその花の思い出を語るシーンがあるのですが、このシーンが伏線となって本作品の忘れ難いラストシーンにつながっているのです。悲しいですが少しだけ希望があるラストが感動を呼びます。

もし少しでも興味をお持ちになったらチェックしてご覧くださいね。

『旅情』に思いを馳せて、あなただけのクリスマス、またやり直しましょう……。

33 『黄金の七人』

（2020／12）

一九六五年、イタリア・フランス・スペイン。マルコ・ヴィカリオ監督。主演はロッサナ・ポデスタ、フィリップ・ルロワ。

物語は……「教授」と呼ばれる天才的リーダーと、その手下六名からなる泥棒集団のお話です。彼らが狙うのはジュネーブにあるスイス銀行に眠る七トンの金塊です。向かいのホテルの一室を指令基地に、「教授」から実行部隊へと次々と指示が飛びます。そしてその傍らには謎の美女ジョルジャの姿が……。

「世紀の美女」ロッサナ・ポデスタ演じるジョルジャのセクシーな衣装と肢体！　アイデア満載&二転三転のストーリーに、アルマンド・トロヴァヨーリによる洒落《しゃれ》た音楽。あの『ルパン三世』「峰不二子」の元ネタであり、その後のケイパー（犯罪）映画の手本であり、フリッパーズギターをはじめとする九〇年代渋谷系ブームにも絶大な影響を与えた、すべてが最高の映画です。

私的にはオープニングにかかる音楽が「シャバダバ〜♪　シャバダバ〜♪」で始まる伝

説的テレビ深夜番組「11PM」を連想してしまい、思わず感慨にふけってしまいました（笑）。子供の頃、夜更かししながら、親の目を盗んでは下世話な大人の世界をこの番組で勉強させてもらったわけです。

それはともかく、この作品のラストは、「また続編が見たくなる！」と強く思わせる形になっているので、くせになりそうです。その辺がこの監督の上手いところでしょう。

もし少しでも興味をお持ちになったらチェックしてご覧ください。

『黄金の七人』に思いを馳せて、楽しい冬を迎えましょう……。

（2020／12）

34 『続・黄金の七人～レインボー作戦』

一九六六年、イタリア・フランス・スペイン。マルコ・ヴィカリオ監督。主演はロッサナ・ポデスタ、フィリップ・ルロワ。

物語は……『黄金の七人』でおなじみの七人の泥棒たちが今回挑むのは、南米のとある独裁国家に潜入し、独裁者の将軍を一晩だけ誘拐し、ついでに七〇〇〇トンもの金塊も頂戴する大胆不敵な「レインボー作戦」の遂行です。

前作以上にロッサナ・ポデスタ演じる謎の美女ジョルジャが大活躍！　コンタクトレンズで目を七色に変え、あふれんばかりの色香で独裁者はおろかリーダー格の教授までたらしこむセクシーさ！　監督のヴィカリオ、音楽のトロヴァヨーリら前作のスタッフ・キャストが再集結、さらにパワーアップして贈るシリーズ第二弾です。

今回も冒頭から「そう来たか……」というオープニングで始まり、泥棒たちの秘密兵器が前作以上に進化していて面白いです。ジョルジャや教授だけでなく、残りの六人の泥棒たちの演技力も、一つの見せ場かもしれません。犬や猫の鳴き声をまねてみたり、潜水艦や戦艦の搭乗員になったり、彼らの活躍も見ものです。

ですが、いつも仕事を終えると、また次の仕事へ……という流れは終わりがないというか、きりがありません。それでもまた続きが見たくなる作品です。

もし少しでも興味をお持ちになったらチェックしてご覧くださいね。

『続・黄金の七人～レインボー作戦』に思いを馳せて、やがて訪れるクリスマスを愉快に迎えたいものです……。


（2020／12）

35 『レッド・バロン』

一九七一年、アメリカ。ロジャー・コーマン監督。主演はジョン・フィリップ・ロー、ドン・ストラウド。

物語は……第一次世界大戦さなかの一九一六年、ベルケ少佐率いる飛行隊に加わったのがマンフレート・フォン・リヒトホーフェンです。彼は実践的な飛行術を会得し頭角を現します。隊には彼を敵視する若き日のゲーリングがいました。英空軍ホーカー少佐隊に、ロイ・ブラウンが加わります。彼はカナダの農夫出身です。ベルケの編隊がホーカー隊と対峙《たいじ》します。ホーカー隊に追撃を受けたベルケはリヒトホーフェンに合図し墜落します。リヒトホーフェンはホーカー機を撃墜します。

本部は飛行編隊に迷彩を命じるも、リヒトホーフェンの隊は貴族のプライドで応じ、機体を鮮やかな紅色に染め上げます。対する英空軍のブラウンは、奇襲や病院への襲撃など冷徹な作戦を敢行、実績を上げます。欧州戦線の戦況は悪化の一途をたどり、ドイツの敗色は濃くなる一方でしたが……。

レッド・バロンこと貴族出身のリヒトホーフェン、彼の騎士道精神による誇り高い戦いと、手段を選ばないブラウンの戦闘を対比し、戦士のフェアプレイな戦いから大量殺戮《さつりく》へと変貌する近代戦争の変わりゆく姿を叙情的に描いた戦争巨編です。

この作品はカラフルな複葉機がたくさん飛び交う娯楽作品のようですが、実は反戦映画だということがわかってきます。あらためて戦争は良くないと身に染みて感じられました。

もし少しでも興味をお持ちになったらチェックしてご覧くださいね。『レッド・バロン』に思いを馳せて、冬の訪れを迎えましょう。


（2020／12）

36 『カビリアの夜』

一九五七年、イタリア・フランス。フェデリコ・フェリーニ監督。主演はジュリエッタ・マシーナ、フランソワ・ペリエ。

物語は……夜の女カビリアは恋人に川に突き落とされて金を奪われても、仲間に夢を語って明るく生きていました。ある晩、恋人とけんかした有名な映画スターが、たまたまそこにいたカビリアを車に乗せ、ナイトクラブから豪邸に連れていきます。ですが、けんかした恋人が突然そこにやってきて……。

監督フェリーニ、主演マシーナという『道』（一九五四）の名コンビで無垢《むく》な女性を描く、彼らのもう一つの代表作です。ニーノ・ロータの音楽と相まって限りない感動を呼びます。初公開時には、「袋の男」のシーンがカットされていましたが、一九九八年の再公開時に復元されました。

カビリア演じるジュリエッタ・マシーナは『道』のときもそうでしたが、台詞は同じような一本調子ですが、とても表情豊かな女優さんのような気がします。その秘密は彼女の目の動きかもしれません。台詞がないときの沈黙や間の取り方の中に、彼女は目の動きだけでさまざまな表情を見せ、演技をします。喜びの表情、悲しみの表情……やはりこの人、名女優だとあらためて思いました。ラストの悲しいはずなのになぜだか笑みを少し浮かべる表情は特に印象的です。

もし少しでも興味をお持ちになったらチェックしてご覧くださいね。

『カビリアの夜』に思いを馳せて、切ない新春を満喫しましょう。

（2021／1）

37 『サンタ・ビットリアの秘密』

一九六九年、アメリカ。スタンリー・クレイマー監督。主演はアンソニー・クイン、アンナ・マニャーニ。

物語は……イタリアのサンタ・ビットリア村に、ドイツ軍侵攻の報がもたらされます。女房ローザには全く頭が上がらない陽気で酒飲み、村人の信頼の厚い村長のボンボリーニ。この時ばかりは頼れる存在で村人を総動員し、ワイン蔵から村外れの洞窟まで昼夜兼行、大雨もいとわず、見事にすべてのワインを運び終えることに成功します。

そんなことも知らず、駐留ドイツ軍ブルム大尉は何とかワインのありかを聞き出そうとします。美しい看護婦カテリーナを誘い出すも上手くいきません。ついには三十六時間以内にワインを見つけろという本部の命令に、ブルム大尉はとうとう村人たちに銃を向けるのですが……。

名匠スタンリー・クレイマーが、第二次大戦末期のイタリアを舞台に、ドイツ軍を相手に堂々と渡り合う武器を持たない村人たちとの尊厳をかけた戦いをユーモラスに描いた人間賛歌です。酒にだらしなく女房に全く頭が上がらない名優アンソニー・クインの、人間味あふれる村長の演技は圧巻です。

一方、彼の女房であるローザ役の肝っ玉母さんアンナ・マニャーニは、古き良きイタリアのママを実に楽しそうに演じています。夫の前では笑顔を見せないローザでしたが、ラストのシーンで初めて照れ臭そうにボンボリーニと踊るシーンで顔がほころぶところは感動的です。

この作品は見終わったあと、誰もが陽気で優しいボンボリーニ村長のいるサンタ・ビットリア村の住民になったような気持ちにさせます。またひとつイタリアに親しみがわきました（笑）。

もし少しでも興味をお持ちになったらチェックしてご覧くださいね。

『サンタ・ビットリアの秘密』に思いを馳せて、晴れやかな気持ちで新春を迎えましょう。

（2021／1）

38 『勝手にしやがれ』

一九五九年、フランス。ジャン＝リュック・ゴダール監督。主演はジャン＝ポール・ベルモンド、ジーン・セバーグ。

一九六〇年、ベルリン国際映画祭監督賞受賞。同年、ジャン・ヴィゴ賞受賞。同年、『キネマ旬報』ベストテン第八位。

物語は……港町マルセイユで車を盗んだミシェルは、パリへ向かう途中、追ってきたオートバイの警官を射殺します。パリに着き、貸した金を取り立てようとしたり、ガールフレンドのアメリカ人留学生と会ったりするミシェルに、警察の捜査の手が迫っていきます……。

既成概念を覆す自由な撮り方で、破滅へ向かう青春を鮮やかにとらえ、映画に新時代をもたらしたゴダールの長編デビュー作です。アクションの途中を飛ばして編集する「ジャンプ・カット」の意識的な多用は、この映画が最初と言われています。主演のベルモンドはこの作品でスターとなり、ジーン・セバーグもヌーヴェル・ヴァーグの象徴的存在となりました。

空港で会見する作家を演じるのは、ゴダールが尊敬する映画監督ジャン＝ピエール・メルヴィル。ゴダール自身も、新聞に載ったミシェルを街で見て警官に通報する男として出演しています。

この作品はモノクロ映像ですが、それでもわかるようにゴダール監督は、音楽の韻を踏んでいるように、一つの規則性にこだわっているようです。例えばジーン・セバーグ演じるヒロインの衣装をボーダー（縞《しま》）を多く着せて、アクセントにしたりしています。ボーダーのブラウス、ワンピースなど……この女優さんほどボーダーの服を可愛く着こなせる人はほかにいないんじゃないかと思わせます。彼女のベリーショートのヘアスタイルや着こなしにも注目です。

もし少しでも興味をお持ちになったらチェックしてご覧くださいね。

この冬のある日に、『勝手にしやがれ』に思いを馳せて、映画の革命的作品を堪能するのも悪くないかもしれません。

（2021／2）

39

『恐怖の報酬』

一九七七年、アメリカ。ウィリアム・フリードキン監督。主演はロイ・シャイダー、ブルーノ・クレメル。

物語は……祖国を追われ煉獄《れんごく》の地に流れてきた四人の犯罪者たち。奥地の油井《ゆせい》で大火災が発生した時、男たちは人生を取り戻すため、一人一万ドルという報酬とひきかえに、一触即発の消火用ニトログリセリン運搬を引き受けます。火災現場までの道なき道を三〇〇

郵 便 は が き

料金受取人払郵便

新宿局承認

2524

差出有効期間
2025年3月
31日まで
(切手不要)

1 6 0-8 7 9 1

141

東京都新宿区新宿1－10－1

(株)文芸社

愛読者カード係 行

お名前《ふりがな》			明治 大正 昭和 平成 年生 歳		
ご住所《ふりがな》	□□□-□□□□			性別 男・女	
お電話番号	(書籍ご注文の際に必要です)	ご職業			
E-mail					
ご購読雑誌(複数可)			ご購読新聞 新聞		

最近読んでおもしろかった本や今後、とりあげてほしいテーマをお教えください。

ご自分の研究成果や経験、お考え等を出版してみたいというお気持ちはありますか。

ある　ない　内容・テーマ(　　　　　)

現在完成した作品をお持ちですか。

ある　ない　ジャンル・原稿量(　　　　　)

書　名					
お買上 書　店	都道 府県	市区 郡	書店名	書店	
			ご購入日	年　　月　　日	

本書をどこでお知りになりましたか?

1.書店店頭　2.知人にすすめられて　3.インターネット(サイト名　　　　)

4.DMハガキ　5.広告、記事を見て(新聞、雑誌名　　　　)

上の質問に関連して、ご購入の決め手となったのは?

1.タイトル　2.著者　3.内容　4.カバーデザイン　5.帯

その他ご自由にお書きください。

(　　　　)

本書についてのご意見、ご感想をお聞かせください。

①内容について

②カバー、タイトル、帯について

弊社Webサイトからもご意見、ご感想をお寄せいただけます。

ご協力ありがとうございました。

※お寄せいただいたご意見、ご感想は新聞広告等で匿名にて使わせていただくことがあります。

※お客様の個人情報は、小社からの連絡のみに使用します。社外に提供することは一切ありません。

キロ、トラックで進む彼らに待ち受ける運命とは……。

『フレンチ・コネクション』(一九七一)でアカデミー賞五部門受賞、『エクソシスト』(一九七三)で全世界をオカルトの恐怖に包んだ巨匠ウィリアム・フリードキンが、フランス映画史上の傑作、アンリ＝ジョルジュ・クルーゾー監督の『恐怖の報酬』(一九五三)の再映画化に挑んだ野心作です。ユニバーサルとパラマウントの二大メジャー・スタジオが当時破格の二〇〇〇万ドルの製作費を共同捻出、北米、南米、欧州の三大陸五か国に及んだロケ、二年を超える製作期間を費やしてようやく完成した超大作です。

クルーゾー版以上に荒々しく、巨大なスケールのサスペンスの中に、男たちの欲望、執念、孤独と絶望、そして人智を超えた存在＝運命を、冷酷非情なリアリズムで描き切った本作について、フリードキンは「今もって一コマも修正する気にはならない自らの最高傑作」と語っています。ジャーマン・プログレッシブの雄、タンジェリン・ドリームが初めてハリウッド大作のサントラを担当、漆黒の闇の底から湧き上がる戦慄夢幻のシンセサイザー・サウンドで、観る者を地獄に誘います。

本当に作品の瞬間ひとつずつがはらはらさせるというか、息をもつかせない展開です。「これはいつの間にか観ている私たちがニトロを運搬しているような気分にさせてくれます。「これは無理でしょう。あきらめましょう」と何度心に思ったかわかりません。極限状況に陥ったとき人はどうなるのだろう……？ と見終わったあと、考えさせられました(汗)。

もし少しでも興味をお持ちになったらチェックしてご覧くださいね。

この険しい冬の季節に、『恐怖の報酬』に思いを馳せて、コロナに負けずタフに生きていきたいものです。


（2021／2）

40 『黄金の七人 1＋6エロチカ大作戦』

一九七一年、イタリア・フランス。マルコ・ヴィカリオ監督。主演はロッサナ・ポデスタ、シルヴァ・コシナ。

シチリー島からイタリア北部の町へやってきた田舎者の青年が、その世にまれなる精力絶倫ぶりを武器に、町の美女たちと珍騒動を繰り広げるさまを愉快に描いた艶笑喜劇です。次から次へと美女を相手にする青年は、ある事故をきっかけに不能になってしまう……この展開、どこかで聞いたことがあるような……？　少し考えると馬鹿馬鹿しいです。

そうですね。例えば私が大好きなヴィスコンティ作品の映画を観るとしましょう。そのときは部屋の掃除をして、ちらかったものを整理してきれいにして、正座をして見るような（実際はしませんが……たとえ話です）。この作品の場合は、観る側もある程度馬鹿になる覚悟が必要だということを言いたいのです。そうでなければ素直に楽しめません。そうして初めて映画の登場人物の視点で見て楽しめるんじゃないかと思います。

それに物語の中に……馬鹿の中にも真実みたいなものがあります。それを見出すのも、映画鑑賞のたのしみかたのひとつなんじゃないでしょうか。まず馬鹿馬鹿しいと一蹴する前に、真面目に向き合ってみましょうね。『黄金の七人』のときもそうでしたが、ヴィカリオ監督がそれに見合ったラストを用意しているところは、憎い演出です。

もし少しでも興味をお持ちになったらチェックしてご覧くださいね。

春めく陽ざしが心地よい今日この頃、『黄金の七人　１＋６エロチカ大作戦』に思いを馳せて、フレッシュな気持ちで過ごしましょう……。

（2021／3）

41 『アルファヴィル』

一九六五年、フランス。ジャン＝リュック・ゴダール監督。主演はエディ・コンスタンティーヌ、アンナ・カリーナ。

物語は……銀河系星雲都市アルファヴィルに秘密諜報員《ちょうほういん》レミー・コーションが到着します。彼の任務は、連絡を絶った諜報員アンリを捜し出すことと、アルファヴィルに亡命した科学者ブラウン教授を救出あるいは抹殺することでした。チェックインしたホテルの部屋でいきなり襲ってきた男を撃退したレミーのもとへ、ブラウン教授の娘ナターシャが訪ねてきますが……。

一九五〇年代にFBI捜査官レミー・コーションが主人公の一連のアクション映画で人気を博したエディ・コンスタンティーヌを、そのままレミー・コーション役で復活させたゴダールの長編第九作です。冷戦を背景にした当時流行のスパイ・アクションを、未来の管理社会を舞台にしたSFに仕立てています。SF的セットやミニチュア、特殊効果は一切使わず、大胆にもパリのオールロケで撮影されていながら、見事にSF的世界が作り出されています。

レミー・コーションが訪れた都市アルファヴィルは、涙を流すと処刑され、人間的感情を抑制された社会だったのです。彼はそれに気がつくと市民を洗脳したブラウン教授を倒し、ナターシャと共に逃避行を続けることになります。人間的感情を抑制され、心（意識）という言葉を知らなかったナターシャが、観念的ながら愛情のようなものをそこに見出そうとするラストはゴダール監督らしいシーンだと思います。

ゴダール監督は観念的な愛を、もしかしたら妻のアンナ・カリーナに押しつけていたのでは？　とも少し思えます。彼の映画のワンシーンのように……観念的な恋愛はリアリティーがありません。最初は興味を持つとしても、始終日常生活や仕事がそればかりでは、普通の若い女性なら嫌気がさすでしょう。それでアンナ・カリーナは夫ゴダール監督のもとを去っていったのかもしれません。逆に言えば、ゴダール監督の資質が彼女を遠ざけたのでしょう。一連のゴダール作品を観てきて感じるところです。

もし少しでも興味をお持ちになったらチェックしてご覧くださいね。

若葉生い茂る今日この頃、『アルファヴィル』に思いを馳せて、観念的な恋愛について考えるのもいいかもしれません……。

（2021／5）

42 『輪舞　ロンド』

一九六四年、フランス・イタリア。ロジェ・ヴァディム監督。主演はマリー・デュボワ、アンナ・カリーナほか。

物語は……第一次大戦前夜のパリ。道行く男らに声をかける娼婦。つかの間の愛を交わす兵士。その兵士はダンス・ホールで小間使いと踊り、夜の庭で親密になります。その小間使いは勤め先の息子から誘惑されます。しかし、彼の本命はリッチな人妻。その夫もレストランの特別室で娘をかどわかします。その娘に声をかける詩人には、よりを戻した女優がいます。その女優を誘惑する若い貴族の将校。そんな彼が目を覚ますと、傍らには冒頭の娼婦の姿が……男女の恋模様は、めぐりめぐって一つのロンドをなすのです。

十九世紀のドイツ文壇の巨匠、アルトゥール・シュニッツラーの同名戯曲を、一九五〇年のオフュルス作品から再映画化したものです。第一次大戦前夜のパリを舞台に、色鮮やかな落花の乱舞にも似た恋と情事を、耽美《たんび》派の巨匠ロジェ・ヴァディム監督が当時絶頂期の女優の共演で、美とエロティシズムあふれるタッチで紡ぎ出した絢爛豪華な極上の恋愛絵巻。美術や衣装も注目の名作です。

この作品には五人の女優さん（小間使い―アンナ・カリーナ、人妻―ジェーン・フォンダ、少女―カトリーヌ・スパーク、女優―フランシーヌ・ベルジェ、娼婦―マリー・デュボワ）がそれぞれ愛の物語を展開していきますが、最初の方で当時最も注目されていた女優さん、アンナ・カリーナと、ヴァディム監督最愛のミューズ、ジェーン・フォンダを登場させることによって、観ている側を引き付けていく監督の推しのテクニックが大いに感じられます。

ほんとにヴァディム監督は公私ともにそうだったみたいですが、女優さんが好きだったみたいですね。これほど作品の中の女優さんを可愛く美しく、時には大胆に映す人は、そういないんじゃないか、とも思ってしまいます。中でも、特に私が印象に残ったのはアンナ・カリーナで、この作品での彼女はいつものゴダール監督のクールなたたずまいではなく、隣のお姉さんのような親しみのある普通の女の子を演じているところでしょうか。男に迫られると困ったような表情をするしぐさはほんとに可愛くて、彼女自身もゴダールの作品にはない演技をいきいきと披露している感じがします。

もし少しでも興味をお持ちになったらチェックしてご覧くださいね。

梅雨時になりつつある今日この頃、『輪舞　ロンド』に思いを馳せて、「女優さん」の魅力についてあれこれ考えるのもいいかもしれません……。

（2021／6）

43 『女の都』

一九八〇年、イタリア・フランス。フェデリコ・フェリーニ監督。主演はマルチェロ・

マストロヤンニ、アンナ・プルクナル。

　物語は……ふとしたことからウーマン・リブの国際集会に迷い込んで、さんざんな目に遭う女好きのインテリ、スナポラッツの地獄めぐりの旅のお話です。スナポラッツ（マストロヤンニ）はフェリーニの分身であり、古い世代の女好きであるフェリーニが自らを戯画化した作品とも取れます。チネチッタ撮影所の第五スタジオに二六六三人の女性を集めて撮影されました。

　この作品には、過去のフェリーニ作品でもよく引用されていますが、作品全体に幼少期から思春期〜大人になるにつれての異性への想いが込められているようです。なぜなら、それらには「性への執着」が強く感じられるからです。それが作品のすべてでありテーマとも言い切れるでしょう。さらに言いかえるなら、「性への執着」＝「生への執着」とも言えると思います。

　私はこの作品を観た時期の前後に、実父との死別を経験しました。父の介護は大変でしたが、今考えると父は「できるだけ長く生きたい」という生への執着が強かったんじゃないだろうか、とも思えます。それで私たち家族はさんざん振り回されたのかもしれません。

　ですが、ある日父が残した日記などを読み返す機会があったのですが、父は決して自分のエゴだけでそのように振る舞っていたわけではないことに気づかされました。その証拠に細かい文字の羅列に赤ペンなどで重要な箇所に印が付けてあったりして、これには残された私たちなどがあとでわかるようにしていた配慮が感じられ、父をあらためて愛しく思いました。

以前、集中力についてお話ししましたが、集中力の本質には自分自身（自己）の利害には何ら及ばないところのものが作用する、と述べました。そのベースには「生きたい！」という「生への執着」があるように思えてなりません。

父にたとえるなら、父は自分のことだけでなく、家族のために——むしろそのために、できるだけ長く生きたかったんです。父が残してくれた遺稿に触れるにつれ、日記だけでなく庭いじりの好きだった父の手のくわえられた草木の一本一本に、それぞれがいまだに残っているので、父がもうこの世にいない、という実感はなかなか湧きませんが、その瞬間瞬間に一生懸命だった生きざまには、学ばなければ……と思った次第です。

もし少しでも興味をお持ちになったらチェックしてご覧くださいね。

秋も深まる冷たい陽気の中、『女の都』に思いを馳せて、じっくりと冬の訪れを待ちましょう。

（2021／10）

44 『愛する時と死する時』

一九五八年、アメリカ。ダグラス・サーク監督。主演はジョン・ギャヴィン、リゼロッテ・プルファー。

物語は……一九四四年、ナチス崩壊の兆しが見え始めました。ロシア戦線においてドイツ軍は後退を始め、エルンスト・グレーバーの中隊は、間断ない砲撃とゲリラに悩まされながら雪の草原を退却していました。エルンストは二年ぶりに休暇の許可が出て、飛び立つ思いで懐かしい故郷へ帰ってきました。

ですが、街は連日の爆撃で廃墟《はいきょ》と化しており、両親の安否はわかりませんでした。彼は主治医の家を訪ねましたが、反戦思想の医師クルーゼはゲシュタポに連行され、一人娘のエリザベートも自宅で監視されている身の上でした。エルンストとエリザベートの二人は恋に落ちて結婚します。ですが、つかの間の幸福も長続きせず、容赦ない爆撃が家も街も破壊してしまうのですが……。

『西部戦線異状なし』の文豪レマルク原作。ナチズムを嫌ってアメリカに亡命したダグラス・サークが、故郷ベルリンで製作、敗戦国ドイツの立場に立って描いた戦争ドラマの傑作です。絶望的な日々と廃墟の中で、細い灯のような幸福を求める若い夫婦の姿が、限りない清らかさをもって深い感動を呼びます。

戦場～故郷～恋愛～結婚～戦場……と、この作品では淡々と物語は進むのですが、ラストシーンは悲しく、むなしさを感じます。ですが、この作品の唯一の救いは、エルンストとエリザベートがまだ知り合って間もない頃のシーンで、エルンストは故郷で旧友に再会して、家でライラックの香りの風呂につかります。それで、身体にその香りが染みついてしまい、彼女はそれに気づかず、冬の季節を終え春の訪れが来るのかしら……とライラックの香りで思って言うのです。

この物語は冬の真っただ中（？）みたいなので、ライラックは冬を終えて早春に咲く香りのよい花。まだこの花が咲く時期ではありませんが、そのことと、二人の関係に長い冬が終わって春が訪れることをかけているようで、思わず心が温かくなるシーンだと思います。こういうときめきのようなシーンが随所に少しあるので、飽きさせない作品です。

もし、少しでも興味をお持ちになったらチェックしてご覧くださいね。

外は雪景色ですが、こういう時こそ『愛する時と死する時』に思いを馳せて、少しでもぬくもりのある早春の季節を待ちましょう。

（2022／1）

45 『王女メディア』

一九六九年、イタリア・フランス・西ドイツ。ピエル・パオロ・パゾリーニ監督。主演はマリア・カラス、マッシモ・ジロッティ。

物語は……奪われた王国を取り戻すために、金毛羊皮を追い求め、コルキス国を目指す勇者イアソン。この地で呪術を操る神秘の女王、メディアは一目でイアソンを見初め、愛する弟を犠牲にして金毛羊皮と自らを彼に捧《ささ》げます。目的の宝を手に入れたイアソンは、メディアを伴って帰還し彼女と平穏に暮らします。

歳月がたち、コリントスに暮らすイアソンに王の娘との縁談が寄せられます。非情にも家族を捨てて新たな王座を得ようとするイアソンに、呪術を封印したはずのメディアは、恐るべき復讐劇を用意するのです……。

パゾリーニが古代ギリシャ悲劇を「生贄《いけにえ》」「呪術」「儀式」「舞踏」などのプリミティブなモチーフに、フォークロアな衣装や日本の地唄や箏曲など世界各地の民族音楽を使って鮮烈に描き出します。独自で大胆な世界観と、圧巻の映像美は観客をめくるめく映像体験にいざないます。

この悲劇を支えるマリア・カラスの彫刻のごとき美しさも際立ち、フィルムからあふれる生と死、愛情と憎悪の激情が、パゾリーニならではのビジュアル・イメージで紡がれます。

稀代《きだい》のオペラ歌手マリア・カラスが、なぜこのパゾリーニ作品に出演したのか……なぜオペラを封印してまで、この悲劇的な女王を演じたのか……？　この理由というか考えるヒントが、この作品と一緒に収録されている本作をめぐる貴重なドキュメンタリー「王女メディアの島」にあると思うので、そちらも併せてご覧になるといいでしょう。

もし少しでも興味をお持ちになったらチェックしてご覧くださいね。

相変わらず寒い陽気が続きますが、『王女メディア』に思いを馳せて、プリミティブにいきましょう！


（2022／2）

46 『エデンの東』

一九五四年、アメリカ。エリア・カザン監督。主演はジェームス・ディーン、ジュリー・ハリス。

物語は……カリフォルニア州サーリナス。二十四歳の若者キャルは、農場を営む頑固者の父が、兄のアロンばかり可愛がっていると感じ、自分の出生に疑問を持つのですが……。

ジョン・スタインベックの原作を、名匠エリア・カザンが映画化。主演のジェームス・ディーンの繊細な演技力と、共演のジュリー・ハリスの包容力あふれる演技力により、アカデミー賞四部門ノミネートを果たし、ジョー・ヴァン・フリートは助演女優賞を受賞しました。多感な青年の家族との確執、孤独を描き出した本作品は、当時無名だったジェームス・ディーンを一躍スターにし、のちにジェームス・ディーン伝説の礎となる三作品の最初の作品として、永遠に記憶されることとなりました。

後述する『赤と黒』のときと同じように、この作品も「愛と嫉妬」が大きなテーマとなっています。嫉妬がなければ、青年キャルは父が可愛がってばかりいる兄と違って、さまざまなことをして父に振り向いてもらおうと努力はしなかったと思うし、キャルの父もキャルの中に別れた妻、つまり、キャルたちの母に似たキャルを許したでしょう。ですが、キャルが行うすべての行動は裏目に出てしまい、頑固者の父は兄のアロンをますます可愛がってしまうのです。この辺の不条理は観る者をキャルに同情させます。

ここで忘れてはならないのが、親に愛されない子供の不憫《ふびん》さでしょう。愛されないで育つということが人生にどれだけ影響するか、ということを思い知らされます。それでもキャルは父を裏切らない、その一途さに心打たれます。

現在、世界ではロシアがウクライナに侵攻して一か月となりますが、ロシアのプーチンさんも「愛されないで育った時期」があったんじゃないか？　と思うほど、その非道さに耳を疑うニュースが毎日報道されています。

こんな事態になっても、「愛」は必要だと思っています。いまさら愛なんて無力に等しいと思われるかもしれませんが、これこそが平和の礎となるのではないでしょうか？

昨日、ウクライナのゼレンスキー氏の国会演説全文に目を通しましたが、岸田首相じゃないですが、ウクライナの勇気と決断に感銘を受けた日本人も多かったんじゃないでしょうか。

でも、日本の役割としては、国連改革ももちろん大事ですが、このままロシアとウクライナの戦争が長引けば、核戦争にも発展しかねません。日本は世界でも唯一の被爆国です。それにウクライナもチェルノブイリなどの原発の被害を懸念しているところから、日本が前面に出て、ウクライナに侵攻したロシアに「核兵器使用はあってはならない」と直接働きかけてもいいのでは、とも思います。むしろ、今回の戦争の停戦の仲介に入ってもいいのではないでしょうか？

それと、昨日の国会の演説で思ったのは、ウクライナも単にロシアに圧力をかけたりするのを、世界に支援を求めたり、ロシアと武力で対峙するのではなく、ロシアのこの行動を「許す」という概念を持つ努力をするべきです。

ウクライナの人々は思うかもしれません。「こんなひどいことをされたロシアの行為を許すなんて……？」と。しかし、日本を見てください。日本が戦後七十年でここまで復興できたのは、アメリカをはじめ欧米諸国を心から許し、信じて協力を仰いだからなのです。その歴史を今のウクライナの人々も日本から学んでほしいところです。あなた方がロシアの非道を許せば、ロシアもあなた方の寛容さに惹かれ、あなた方を許すかもしれないのです。お互いがお互いを許し合う、これこそが停戦のきっかけとなるだろうし、何よりも平和への早道だと思います。

そうです、『エデンの東』のラストシーンで寝たきりになった頑固者の父が、キャルの行動と存在を許したように……。

もっとも、具体的にやる方法はさまざまでしょうが、ロシアもウクライナもトップの身柄の安全を保障したうえで、無血開城みたいにしたらどうか……と私なんか少し思います。とにかく少しでも早く人々に平和が訪れることを願うばかりです。

もし少しでも興味をお持ちになったらチェックしてご覧くださいね。

日中はだいぶ暖かくなって過ごしやすくなってきましたが、『エデンの東』に思いを馳せて、世界平和について思いを巡らしてみましょう。

47 『赤と黒』

（2022／3）

一九五四年、フランス。クロード・オータン＝ララ監督。主演はジェラール・フィリップ、ダニエル・ダリュー。

赤い軍服と黒い僧衣に込められたものとは――出世の野心に燃えた青年は、愛さえも道具にして社会を這《は》い上がってゆきます……。

一八二〇年代のフランス。貧しい育ちながら、美しい顔立ちと明晰《めいせき》な知性を持つ青年ジュリアン・ソレルは、立身出世を目指し、司祭の推薦を得て、市長の娘の家庭教師となります。そこでジュリアンは、市長の夫人を誘惑し、逢瀬を重ねるのですが……。

原作は十九世紀中期に活躍した文豪スタンダールの同名長編小説で、世界文学の名作です。青春や恋愛を描きながら、抑圧された社会と腐敗した支配階層に対する批判が込められています。これまで映画やテレビドラマになったほか、日本では宝塚歌劇団によって舞台化されました。

監督は『肉体の悪魔』、『青い麦』、『パリ横断』で知られる巨匠クロード・オータン＝ララ。主演のジュリアン・ソレルには当時、人気、実力ともに絶頂期にあったジェラール・フィリップ。気高き美貌の人妻レナール夫人にダニエル・ダリュー。

この長編作品は二部構成になっており、一部はジュリアンとレナール夫人のロマンス、二部は舞台を移し、ド・ラ・モール侯爵の娘マチルド（アントネラ・ルアルディ）とジュリアンのそれが描かれており、マチルドとジュリアンは結ばれそうになるのですが、ここでまた別れたはずのレナール夫人が登場するのです。

レナール夫人は、ジュリアンとマチルドに嫉妬したのかもしれません。そう考えると、この作品の大きなテーマは「愛と嫉妬」と言えるかもしれません。嫉妬がなければ、ジュリアンは貧しい階層から這い上がろうとはしなかったはずですし、レナール夫人もジュリアンを追いかけようとはしなかったはずです。

この愛と嫉妬は、悪い意味でたちが悪いですが、誰でも苦しむもの。そうです、セットになってるんです。ダリダの「バンビーノ」という歌の歌詞でも、彼女は少年に嫉妬の存在を指摘します。

愛と嫉妬は、特に嫉妬心というのは、他人の運命さえも変えてしまうものですから、肝に銘じておこう、とスタンダールもこの作品で言いたかったのかもしれません。

現在、ロシアがウクライナに侵攻してもう二週間となりますが、ロシアのプーチンさんは、もしかしたら隣国のウクライナに対して、西側になびこうとしてその恩恵にあずかろうとするのに嫉妬し、西側諸国の一部となることを羨ましく思ったのではないでしょうか？

いずれにせよ、仮にそうだったとしても、武力を行使するのは良くありません。それにロシアに占領され、難民として逃げるウクライナの人々も可哀想ですが、この戦争に巻き込まれたロシアの一般大衆の人々も悲惨でしょう。外部では世界中を敵に回して非難され、内部では反戦を訴えれば拘束され、物資が不足しています。

日本を含む欧米諸国はその辺をもっと考慮すべきですし、ロシアに徹底抗戦をするウクライナとロシアとの戦いを止めるにはどうしたらよいか、もっと考えるべきです。とにかく戦争を止める、それが不可欠です！　戦争反対です。

もし少しでも興味をお持ちになったらチェックしてご覧くださいね。

日中はだいぶ暖かくなってきました。『赤と黒』に思いを馳せて、また愛と嫉妬についてと世界平和について思いを巡らせてみましょう。

（２０２２／３）

48 『恋するレオタード』

一九五五年、フランス。マルク・アレグレ監督。主演はブリジット・バルドー、ジャン・マレー。

物語は……オーストリア・ウィーンの音楽学校が舞台。美しい女子学生、セクシーアピールを振りまく挑発的なソフィーと、ロマンティックなエルザの二人は、音楽教師でテノール歌手のエリック・ヴァルターに恋い焦がれ、彼を誘惑することに夢中になります。しかしエリックには最愛の妻マリアがいます。有名なオペラ歌手でもあるマリアは、結婚より歌手活動に熱心でほとんど家にいません。寂しさに耐えかねたエリックが二人の女学生に心を寄せてゆく中、妻のマリアが突然戻ってくるのです……。

ウィーンで全編ロケされ、ブリジット・バルドーの人気を見込んで、アメリカではコロムビア社が配給。脚本は、のちにバルドーと結婚するフランスを代表する耽美派監督、ロジェ・ヴァディムです。

なるほど、ブリジット・バルドーの魅力を余すところなく紹介する作品ですが、この物語には「愛と孤独」という大きなテーマが投げかけられています。この作品の登場人物の中で、最も孤独を享受してきたのは……二人の女学生や、妻でもなく、一番影響力のあるエリックにほかならないでしょう。彼こそ孤独にさいなまれ孤独に負けて、また孤独に陥っていく……そんな兆しを感じさせるエンディングです。でも孤独が孤独を生み、周囲を巻き込んでゆく、わかりやすい例と言えましょう。

ですが、孤独なのは、本当なのでしょうか？　私はこの映画を観ていて、辻邦生さんの小説『背教者ユリアヌス』の中のワンシーンを思い出しました。王妃の婚約者と結婚発表したユリアヌスに、元恋人の軽業師ディアがショックを受けるのですが、それに対しユリアヌスは彼女をこう言って慰めるのです。

「ディア、人は失恋すると自分が独りぼっちであることに気づくものなんだよ。独りぼっちだから悲しい……でも人はみんないつだって独りぼっち、なぜならこの世に生まれてくるときも、死んでゆくときも、独りぼっちであるのには、変わらないのだから……」と。

ですが、それでも、人は本当に孤独なのでしょうか？　と私は思います。「独りぼっちな気がするだけなのでは……？」というのが持論です。そうです、人は一人では生きてゆけません。恋人や結婚相手がいなくても、家族、親戚、友人がいるかもしれません。そういう人たちによって支えられて生きているのではないでしょうか。

そういう周囲に対する感謝の気持ちを持っていれば、謙虚になれると思うんです。

逆に現在ウクライナに侵攻したロシアの指導者プーチン氏は、こういった謙虚さに欠けているのではないでしょうか？　謙虚さを失った指導者は失脚するか弾劾されるべきでしょう。プーチンさん、今ならまだ遅くありません。考えを思い直して、ウクライナとの平和の道を模索してください。この侵攻が終焉《しゅうえん》するのを願うばかりです。

もし少しでも興味をお持ちになったらチェックしてご覧くださいね。

少し寒さもひと段落した今日この頃、『恋するレオタード』に思いを馳せて、自身の孤独について見つめ直しましょう！

（2022／3）

49 『ルキノ・ヴィスコンティの世界』

一九九九年、イタリア。カルロ・リッツアーニ監督。主演はカルロ・リッツアーニ、ルキノ・ヴィスコンティほか。

イタリア映画界の至宝ルキノ・ヴィスコンティ監督は、如何にして誕生したのでしょうか？　彼のルーツと幾多の名作をたどりながら、その真実に迫る珠玉のドキュメンタリー映画です。

イタリアのミラノに生まれ育ち、数々の芸術や文化に出会った少年期・青年期、そして映画監督となって数々の作品を作り上げていった姿を、カルロ・リッツアーニ監督が自ら案内人となって、ヴィスコンティ作品と出演俳優マルチェロ・マストロヤンニ、バート・ランカスター、アラン・ドロン、そしてヴィスコンティ本人へのインタビューを通して掘り下げてゆきます。

私がヴィスコンティの作品を初めて見たのは学生の頃、自主映画などが盛んに作られた映画全盛の時代でした。当時の私は演劇部を辞めて8ミリ映画を仲間たちと作ったりしていた頃でした（映画監督志望だったのです）。ヴィスコンティの作品は当時日本でも再評価され、名画座などで特集を組んで上映されていました。

ちょうど私の姉がヴィスコンティの作品を観たと言い、「少し気持ち悪いけど……」というふれこみで『ヴェニスに死す』を紹介され、映画館へ足を運んだのがきっかけでした。実際観ていて『ヴェニスに死す』は中年の老作曲家（おじさん）と美少年という組み合わせで、普通に観たら少し気持ち悪いシチュエーションですが、不思議に私にはそう思えなくて、この作品の音楽と美しい映像に魅了され、感動したのを憶えています。

それからオールナイトでヴィスコンティの作品を映画館で見たり、社会人になってからレーザーディスクでヴィスコンティの作品を集めたりして、すっかりヴィスコンティのファンになったわけでした。

ヴィスコンティの作品の魅力は、いわゆる映画らしい映画でなく、彼の生い立ちが没落貴族の末裔《まつえい》だったせいもあるかもしれませんが、贅《ぜい》を尽くした舞台装置や調度品、舞台のような演出、全く違うタイプに変えてしまう役者のキャラクターなど、型破りで、今でもですがヴィスコンティの話になると止まりません（笑）。

このドキュメンタリー作品はヴィスコンティ入門用としてもおすすめです。ヴィスコンティの作品をいくつかダイジェストで紹介し、その出演俳優たちがインタビューやエピソードを披露していますので、もし少しでも興味をお持ちになったらチェックしてご覧くださいね。

私が力説するヴィスコンティの作品の良さが少しでも伝われば幸いです……。

（2022／7）

50 『異邦人』

一九六七年、イタリア・フランス。ルキノ・ヴィスコンティ監督。主演はマルチェロ・マストロヤンニ、アンナ・カリーナ。

物語は……第二次大戦前のアルジェリア。会社員のムルソーは老人施設から母親の訃報を受け取ります。遺体安置所で彼は遺体と対面もせず、埋葬の場でも涙を見せませんでした。その翌日、偶然再会したマリーと海水浴に行き、映画を観て一夜を共にしたムルソーは、同じアパートに住む友人とトラブルに巻き込まれ、たまたま預かったピストルでアラブ人を射殺します。

「太陽が眩《まぶ》しかった」という以外、ムルソーにも理由がわからないのでした。裁判所の法廷では殺害については何も言及されず、ムルソーの行動は非人道的で不道徳であるとされ、死刑を宣告されるのですが……。

現代人の生活感情の中に潜む不条理の意識を巧みに描き、大反響を巻き起こしたノーベル賞作家アルベール・カミュの大ベストセラーを、イタリア映画界の至宝ルキノ・ヴィスコンティ監督が最高のスタッフ、キャストを集結させ完全映画化しました。ヴィスコンティは私のお気に入りの監督で、これまでも何度か紹介してきました。

この作品でもシーンとシーンの移り変わりに、あらかじめ作品の登場人物たちを俯瞰《ふかん》や遠景で集合写真のようにとらえます。のちのシーンの物語を暗示するかのようです。こういう撮り方ってヴィスコンティならではで、作品『地獄に堕ちた勇者ども』でも同じような挿入カットがあり、それらのシーンを注意して見るだけでもヴィスコンティの作品を観る価値があると思います。

ちなみに『異邦人』では法廷でのそのシーンがあり、マリー演じるアンナ・カリーナが遠景でも美しいのがわかります。彼女はムルソーとの海水浴のシーンでも官能的で、美しさが際立っています。

主人公であるムルソーを演じるのはマルチェロ・マストロヤンニで、当初はヴィスコンティはこの役をアラン・ドロンにしたかったのですが、原作者カミュの遺族に反対されマルチェロ・マストロヤンニで落ち着いたそうです。この作品の後半は法廷シーンがほとんどですが、とても演劇的で、映画を撮る前から舞台を手がけていたキャリアを持つヴィスコンティならでは、と思います。

とりわけ独房の中で葛藤に悩むムルソーの独白のシーンなどは、暗闇にスポットライトを射すような舞台そのもののようであり、私も昔舞台で演じていたことを思い出しました。ネタバレになるので、ちょっと……と思いますが、死に直面して悩むムルソーに、ある思いが生まれます。そうです、自分の母親のことです。ムルソーの母親は自分の死期が近づくにつれて逆のような行動に出ます。老人施設の友人と婚約するのでした。それは母親が死ぬ前日でした。

ムルソーは独房の中でそのことを思い出します。そして自分の母親は死とひきかえに希望を手に入れたのではないだろうかと。その希望は永遠であり、何よりも生を意味するものだから……と。そうです、死とはそこで断絶するものではなく、永遠の生を手に入れるものなら……それを喜んで受け入れようと悟るのです。

輪廻《りんね》転生《てんしょう》という言葉がありますが、この作品にはラストにこのようなテーマが隠されているのでは……？　と思うのは深読みし過ぎでしょうか？

また演劇の話になりますが、第三舞台の「朝日のような夕日をつれて」で演者たちの最後の台詞「リーインカネーション、生まれ変わりを私は信じます！」というのを思い出しました。

もし少しでも興味をお持ちになったら、チェックしてご覧くださいね。

太陽が眩しい季節、『異邦人』に思いを馳せて「生まれ変わり」について考えてみましょう。


（2022／7）

51 『あの愛をふたたび』

一九六九年、フランス。クロード・ルルーシュ監督。主演はジャン＝ポール・ベルモンド、アニー・ジラルド。

物語は……サンフランシスコ空港で映画のロケが行われていました。フランスの映画女優フランソワーズは、不倫の恋にかける人妻を演じていました。そして、本番を撮影したあと、音楽を担当しているアンリは、フランソワーズをホテルのバーへ誘います。二人は意気投合して楽しい夜を過ごしました。やがてロケが終わり、アンリはフランソワーズをラスベガスに誘います。このささやかな恋が、やがて本物の愛へと変わり……。

数々の名作を作り出してきたフランス映画界の名コンビ、クロード・ルルーシュとフランシス・レイが、互いに家庭を持つ男女の許されない愛を切なく描いた名作です。主演は『暗くなるまでこの恋を』のジャン＝ポール・ベルモンド、『パリのめぐり逢い』のアニー・ジラルドです。

ほかにもアンリがサンフランシスコを訪れて、最初の相手をする駆け出しのハリウッド女優役にファラ・フォーセット。彼女はのちにテレビ映画『チャーリーズ・エンジェル』で大ブレイクしますが、この作品の頃は『チャーリー……』のときのようなカリスマ性が感じられません。この頃はまだ夫となるメジャース氏とも知り合っていないようで、作品のテロップにメジャースが付いていません。そう考えると『チャーリーズ・エンジェル』の頃はすでに人妻だったにもかかわらず、人気を博していたのは驚異的です。

フランソワーズを演じるアニー・ジラルドは、私は数多くのフランス・イタリア映画を観ていますが、ほとんどノーマークでした。ヴィスコンティの『若者のすべて』でのアラン・ドロンとその兄との恋人役や、『パリのめぐり逢い』でキャンディス・バーゲン演じるファッションモデルと夫を取り合う妻の役での演技くらいしか知りませんでした。なるほど、彼女は演技派で、期待したり失望したりする表情というか、この逃避行のさなかに一喜一憂する女性の不安定な心の機微を演じるのが上手いと思いました。たぶんこういう役は、なかなかほかの女優さんでは演じ切れない気がしました。

この作品はアンリ演じるベルモンドが少々強引ですが、当時ヨーロッパの人々から見たら憧れだったアメリカで、西部劇のような旅を続ける一種のロードムービーです。映画の二人になりきったつもりで逃避行を楽しむ、ようなスタンスで見ると面白いかと思います。もし少しでも興味をお持ちになったら、チェックしてご覧くださいね。

夏休みももうすぐ終わりですし、コロナ禍で外出もままならないご時世ですが、『あの愛をふたたび』に思いを馳せて小旅行気分に浸りたいものです。

（2022／8）

52 『女性上位時代』

一九六八年、イタリア。パスクァーレ・フェスタ・カンパニーレ監督。主演はカトリーヌ・スパーク、ジャン＝ルイ・トランティニャン。

物語は……夫に先立たれたミミは、生前彼が所有していた秘密の部屋でセックステープを発見します。夫の変態性にショックを受けつつも興味が湧いたミミは、目くるめく性愛の世界への扉を開けるのですが……。

トロヴァヨーリの音楽と、レトロ可愛いファッション&美術に彩られたフェティッシュ・コメディーです。物語の後半にさりげなく登場するトランティニャンが堅物の医師の役でミミの前に現れますが、彼がただの堅物ではなく、変態性欲を気にしない超人だった、というおちがこの作品にあるのを考えると、この作品の主役はミミ演じるカトリーヌ・スパークではなくトランティニャンなのではないだろうかとさえ思ってしまいます。この物語は日常的で、意外とこんな夫婦はありがちかもしれない、ということをカンパニーレ監督は示したかったんじゃないでしょうか。

もし少しでも興味をお持ちになったらチェックしてご覧くださいね。

残暑のきつい今日この頃、『女性上位時代』に思いを馳せて、性のあり方について考えるのもいいかもしれません。


（2022／9）

53 『ジンジャーとフレッド』

一九八五年、イタリア・フランス・西ドイツ。フェデリコ・フェリーニ監督。主演はマルチェロ・マストロヤンニ、ジュリエッタ・マシーナ。

物語は……クリスマスでにぎわうローマの駅に降り立ったのは、三十年前に人気を博した芸人コンビ、〝ジンジャーとフレッド〟のジンジャーことアメリア。彼女はテレビの特別番組に出演オファーされ、相方のフレッドことピッポと一夜限りのダンスショーを披露するためにやってきました。久しぶりに再会した二人は、番組の準備にあわただしいテレビ局でリハーサルを行います。

思い出話に浸っているうちに、三十年前の感情を取り戻していく二人でしたが、身体の衰えは別でした。ダンスに精彩がないまま出番が刻一刻と近づくにつれ、不安も緊張も高まります。そして、ついに、司会者が名を呼びあげ、幕が上がったのですが……。

ハリウッドミュージカルで有名なジンジャー・ロジャースとフレッド・アステアの物まねで人気を得た芸人コンビ〝ジンジャーとフレッド〟が三十年ぶりに再会し、テレビショーで往年のタップダンスを披露することになりました。この二人の芸人を中心に、風変わりな出演者たちとテレビの舞台裏で起こる騒動を、イタリア映画界の巨匠フェデリコ・フェリーニはテレビ産業界への皮肉を交えながらコミカルに映し出します。

コンビ芸人を、本作が最初で最後の共演となったジュリエッタ・マシーナとマルチェロ・マストロヤンニ。老いた男女の心情を切々と演じ切った素晴らしさと、古き良き時代への郷愁を誘う、フェデリコ・フェリーニ監督の集大成となった感動の名作です。

映画を観るために映画館や劇場を訪れる時代は終焉し、各家庭でテレビ放送を楽しむ文化となった今を映し出している作品です。ですが、二〇二二年の現代はどうでしょうか？ メディアの媒体がテレビ産業から、パソコンやスマホの普及によってインスタグラムやツイッター、フェイスブックなどのSNSの時代へ変化しつつあります。YouTubeなどの動画を簡単にいつでも閲覧できるようになり、あるいは、情報を受け手だった側だけでなく、発信や共有することも手軽にできるようになった時代です。

テレビの文化が廃れる時代が、もうすでに来ているかもしれません。そうなると次に来るものは何でしょうか？ ……もしフェリーニ監督が今の世の中を見つめていたとしたら、作品も異なるものになっていたかもしれません。

もし少しでも興味をお持ちになったらチェックしてご覧くださいね。

まだ残暑の残る今日この頃、『ジンジャーとフレッド』に思いを馳せて、一足早いクリスマス気分に浸るのもいいかもしれません。

54 『俺たちに明日はない』

（2022／9）

一九六七年、アメリカ。アーサー・ペン監督。主演はウォーレン・ベイティ、フェイ・ダナウェイ。

物語は……大恐慌の三〇年代。テキサス州ダラスを中心に思いつくままに銀行強盗を繰り返し、派手に暴れまわったボニーとクライド。人に危害を加えるのではなく、アウトローに生きようとする二人に、やがて凶悪犯のレッテルが貼られてゆくのですが……。

ボニーとクライドの壮絶な青春を描いた、ニューシネマの先駆的傑作です。八十七発の弾丸を浴びて絶命する二人の壮絶なラストシーンは強烈な印象を与え、製作・主演のウォーレン・ベイティと、フェイ・ダナウェイを一躍スターダムに押し上げました。アカデミー賞では九部門にノミネートされ、助演女優賞（エステル・パーソンズ）と、カラー撮影賞を受賞しました。

この作品にはバイオレンス、アクション、ロマンス、ファッションなど……多くの要素が詰め込まれており、観る者を飽きさせない一流のエンターテインメントに仕上がっています。ボニー役のフェイ・ダナウェイの着こなしなど、女性が見ても楽しめる内容です。もし少しでも興味をお持ちになったらチェックしてご覧くださいね。

秋も深まり寒い陽気が続きますが、『俺たちに明日はない』に思いを馳せて熱くなりましょう！

（2022／10）

55 『雨のエトランゼ』

一九七一年、フランス。セルジオ・ゴビ監督。主演はヘルムート・バーガー、ヴィルナ・リージ。

物語は……婚約者のいるナタリーは、自室の向かいのアパルトマンから飛び降りて自死する女性の姿を目撃してしまいます。目撃者として警察を訪れたナタリーは、被害者の夫で優雅な青年紳士アランとすれ違います。これをきっかけにアランはナタリーを誘い出します。待ち合わせに現れないアランを待ちわびるナタリーは、ミステリアスな彼の恋の手練手管にどんどん心惹かれていきます。

もはや魅力のなくなった婚約者とはさっさと別れ、アランと結婚したナタリーでしたが、幸福の絶頂もつかの間、彼の奔放すぎる性愛に、身も心も衰弱していきます。そんなアランを疑うルロワ刑事が、ナタリーを訪れるのですが……。

七〇年代のスーツを颯爽と着こなす〝エレガントの極み〟のバーガーが、これ以上ない役どころでヒロインを魅了します。冷酷と溺愛……男の不条理な振る舞いに一喜一憂する女心。ヴィルナ・リージが、恋の歓喜と落胆を味わい、次第に狂気の淵《ふち》に落ちてゆくヒロインを大熱演。二人のラブシーンは少女漫画の扉絵のように観客を魅了します。

必要な台詞以外一切排除し、沈黙と間が画面を支配します。二人のシーンは態度としぐさでほとんど表現され、観る者の視線を集中させます。これほど台詞の少ない作品も珍しいでしょう。以前ご紹介したアラン・ドロン主演、メルヴィル監督の『サムライ』を連想してしまいました。あの作品も台詞が少なかった、と。

その中でアランとナタリーの仲を疑うルロワ刑事役のシャルル・アズナヴールは、正義感の強い一本気な性格の男として、アランと好対照をなして好演しています。でもアズナヴールさんの来日公演に行った私としては、アズナヴールさんは俳優としてよりも、シャンソン歌手としての方がしっくりいく気がしました。

もし少しでも興味をお持ちになったらチェックしてご覧くださいね。

これを書いている今日も偶然にも雨。こういう時こそ『雨のエトランゼ』に思いを馳せて、二人の逃避行について心の声に耳を傾けてみましょう……。

（2022／11）

56 『テオレマ』

一九六八年、イタリア。ピエル・パオロ・パゾリーニ監督。主演はテレンス・スタンプ、シルヴァーナ・マンガーノ。

物語は……北イタリアの大都市、ミラノ郊外の大邸宅に暮らす裕福な一家の前に、ある日突然、見知らぬ美しい青年が現れます。一家の父親は多くの労働者を抱える大工場の持ち主。その夫に寄り添う美しい妻と、無邪気な息子と娘、そして女中。何の前触れもなく同居を始めたその青年は、それぞれを魅了し、関係を持つことで、ブルジョワの穏やかな日々をかき乱してゆきます。青年の性的魅力と、神聖な不可解さに挑発され、狂わされた家族たちは、青年が去ると同時に崩壊の道をたどってゆくのです……。

一九七五年十一月二日、ローマ郊外で非業の死を遂げて四十七年の時を経た今もなお、世界中のシネフィルに支持される異才ピエル・パオロ・パゾリーニ。本作品は第二十九回ヴェネツィア国際映画祭で最優秀女優賞（ラウラ・ベッティ）と同時に国際カトリック映画事務局賞を受賞したことで、イタリア・カトリック界で物議を醸し、猥褻《わいせつ》罪に問われて裁判に発展。

その後、パゾリーニは無罪となり、裁判沙汰も手伝って映画は大ヒット。パゾリーニ自身が〝天使と悪魔の間にいる、あいまいな人物〟と語る「訪問者」（青年）の解釈をめぐって大論争となりました。

この訪問者は、このブルジョワの家族から去ったあとも、さまざまな影響力を発揮します。女中は家を出て人々に奇跡を与える存在となり、娘は病気を悪化させ、息子はアトリエを構えて抽象画家になります。妻は街に繰り出し男漁りをするようになり、夫は全裸となってあてどもなくさまよう……という感じです。

これだけ見ると、影響力は不思議に映りますが、影響力の大小の差はあれど、多かれ少なかれ訪問者のような人物はどこにでもいないようで実はいて、近隣の人々に何らかの影響を与える……ということをパゾリーニ監督は言いたかったのではないでしょうか。

さらに言うなら訪問者は一種の宗教であり、象徴ともとれると思えてきます。

もし少しでも興味をお持ちになったらチェックしてご覧くださいね。

秋も深まり冬の訪れを感じさせる今日この頃、『テオレマ』に思いを馳せて、「訪問者」について考えてみましょう。

57 『鍵』

（2022／11）

一九五八年、イギリス。キャロル・リード監督。主演はウィリアム・ホールデン、ソフィア・ローレン。

物語は……一九四〇年、ドイツ軍のUボートや空軍機により、大きな被害を被っていた輸送船を、小型の曳航船《えいこうせん》で救護する任務の重要性が日々増していました。カナダ陸軍所属のアメリカ人、デヴィッド・ロスは、かつて曳航船に乗っていたという理由で出頭を命じられます。港には、旧知のクリス・フォードが曳航船の船長をしていました。

フォードの船に乗り、火災に遭った船の救護にあたったロスは、その夜、誘われるがままにフォードのアパートに行きます。そこには彼の美しい恋人ステラがいました。クラブでしたたかに酔ったフォードは、ロスにかつて曳航船に乗っていた男に部屋の合鍵を渡され、ステラの面倒を見てくれるよう頼まれたのだと打ち明けます。そして、もし自分に何かあったらステラを頼むと懇願し、押しつけるようにロスに鍵を渡すのでした。

ある夜、急な任務が入ったフォードに、いつもは部屋を出ないステラがどうしても見送りたいと港までついてゆきます。救護に向かったフォードの船は砲撃を浴び、彼は海中に落ちて戻らぬ人となってしまいます。そのことをステラに告げたロスは、彼女からいつ部屋に来るのか尋ねられます。最初は拒否してホテルにとどまっていたロスでしたが、何度申請しても船の機関砲は修理されず、自分の死もそう遠くないと悟り、ステラの部屋を訪ねてゆくのですが……。

戦時下で、愛する男の死によって生を翻弄される女と、その女を愛した男。『第三の男』のキャロル・リードが、『真昼の決闘』のカール・フォアマンの脚本を得て描いた豪華キャストによるドラマです。ソフィア・ローレン演じるステラが謎めいた恋人として、次々と変わってゆく男を愛するのですが、皆、合鍵を作るたびに死に別れてしまう〝不幸を招く女〟と巷《ちまた》では噂《うわさ》されます。

ロスもフォードから鍵を渡され、自分も死ぬのではないかと思い、合鍵を作り、急な任務が入ったある日、部下にステラの部屋の鍵を渡して船に乗ります。ほかのステラを愛した男たちのように彼も戦死してしまうのでしょうか……？　この先はネタバレになってしまうので、見てのお楽しみ、ということで。

この物語は戦時下で、いつ自分が死ぬかわからないような環境だからでしょうか？

「死を覚悟した男は、鍵を別の男に渡す。愛する女の未来と共に……」

もし私が男の立場だったら、そんな簡単に割り切って愛する女をほかの男性に託せるか？　あまり自信が持てないと思いました。惜しいと感じるし、愛する女性を手放したくないと思うのですが……皆さんはいかがでしょうか？

もし少しでも興味をお持ちになったらチェックしてご覧くださいね。

深まる秋の季節、『鍵』に思いを馳せて、戦時下での男と女について考えるのも悪くないかもしれません……。

（2022／11）

58

『女は女である』

一九六一年、フランス・イタリア。ジャン＝リュック・ゴダール監督。主演はアンナ・カリーナ、ジャン＝クロード・ブリアリ。

一九六〇年に『勝手にしやがれ』で長編デビュー、二〇一八年に『イメージの本』を発表した巨匠ジャン＝リュック・ゴダール監督による初のカラー作品で、映画愛に満ちたミュージカル・コメディです。冒頭では『生活の設計』（エルンスト・ルビッチ監督）と、

『巴里祭』（ルネ・クレール監督）へのオマージュが表明されています。

当時、映画界を席巻《せっけん》していたヌーヴェル・ヴァーグ（新しい波）の寵児《ちょうじ》ゴダールが、本作撮影後に妻となるアンナ・カリーナをヒロインに迎え、パリのサン＝ドニ街を舞台にスコープの画面いっぱいに、鮮やかな色彩とミシェル・ルグランの音楽で男女の恋のもつれを描く、幸福感あふれる作品です。

劇中でジャン＝ポール・ベルモンドがカリーナに聞かせる話が、のちの『パリところどころ』（モンパルナスとルヴァロワ編）となって映画化されています。女優ジャンヌ・モローがゴダール映画に出演した唯一の作品であるのも興味深いです。と言ってもモローの出演シーンはほんのちらっとで、やっぱりゴダールはアンナ・カリーナをひいきしたかったのかな？　とも少し思われます。

同時期にジャンヌ・モローはフランソワ・トリュフォー監督の『突然炎のごとく』に出演しますが、この作品も二人の男性が一人の女性を追いかけるというもの。そう考えると『女は女である』はゴダール版『突然炎のごとく』とも受け取れます。女性の役をジャンヌ・モローからアンナ・カリーナに置き換えただけで、内容は少し違いますが。

時代の寵児ゴダールとトリュフォーはライバル同士で、良き映画仲間だったのではないでしょうか？　映画界を切磋琢磨《せっさたくま》しながら競い合っていたのでしょう。ゴダールも負けるわけにはいかなかったのかもしれません。この作品も、のちの『気狂いピエロ』と同様、色彩にこだわりが感じられ、例えばアンナ・カリーナの着ているブラウスが赤で、ストッキングの色や傘、電気スタンド、ストリップを演じる舞台の幕などの差し色にも随所に赤が使われているところでしょうか。

『女は女である』という題名も、アンナ・カリーナのラストシーンの最後の台詞だとは思いませんでした。このラストシーンでカリーナは画面越しにウインクをしてみせるのですが、これはゴダール監督への最大の賛辞であり、精一杯の愛情表現だったのかもしれません。かくしてゴダールとアンナ・カリーナの時代の幕が切って落とされたのでした……。

もし少しでも興味をお持ちになったらチェックしてご覧くださいね。

寒さが厳しい折、『女は女である』に思いを馳せて、少しでも温もりを見出しましょう！

（2022／12）

59 『おもいでの夏』

一九七一年、アメリカ。ロバート・マリガン監督。主演はジェニファー・オニール、ゲーリー・グライムス。

物語は……一九四二年の夏、ニュー・イングランドの沖合の小さな島に、家族とバカンスにやってきた十五歳の少年ハーミー。セックスへの興味が高まる多感な年頃のハーミーは、この島で暮らす美しい人妻ドロシーに強いあこがれを抱きますが……。

『アラバマ物語』の名匠ロバート・マリガン監督が、少年のひと夏の体験を描いた切ないラブストーリー。アカデミー賞作曲賞受賞、ミシェル・ルグランの切ないメロディーが心に残る名作です。

本作品の公開当時のパンフレットを持っていますが、パンフレットの解説に印象深いコメントが載っていました。人妻ドロシーは夫を出征に送り出しますが、彼は帰らぬ人となってしまいます。ドロシーの悲しみはアメリカ市民全体の哀しみであるとのこと。そうです、この作品の時代は第二次世界大戦の真っ最中、その後アメリカは戦争に勝利しますが、その後も朝鮮戦争、ベトナム戦争と……三十年もの間、戦争に明け暮れたのです。アメリカの歴史は戦争そのものという、悲しい現実がこの作品が公開された一九七一年当時からずっと続いていたからなのです。そうやって考えると、この作品は一種の反戦映画かもしれません。

そして青春映画でもあります。何となく見たことのあるようなシーンもあります。例えばハーミーが友人オスキーに頼まれ、薬局で成人向け避妊具を買おうとするシーンは、『アメリカン・グラフィティ』でも雑貨屋で未成年がお酒を買おうとするシーンを連想させますし、オスキーがガールフレンドと性交しているところをハーミーのガールフレンドが偶然見てしまい、絶句して帰ってしまうシーンは、『悲しみよこんにちは』でも似通ったシーンがありました。長年映画を観続けていると、こういうことも多々ありますが……。

現在でもロシア・ウクライナ戦争が続いていますが、少しでも早く戦争が終結することを願ってやみません。

もし少しでも興味をお持ちになったらチェックしてご覧くださいね。

クリスマスも近い今日この頃、『おもいでの夏』に思いを馳せて、少しでも暖かさを感じていただけたら幸いです。

（2022／12）

60 『みじかくも美しく燃え』

一九六七年、スウェーデン。ボー・ヴィーデルベリ監督。主演はピア・デゲルマルク、トミー・ベルグレン。

物語は……妻子あるスパーレ中尉はサーカスのスター、エルヴィラと道ならぬ恋に落ちます。二人は家族も地位も名誉も捨てて駆け落ちし、この事件は世間の注目を集めます。人目を避ける逃避行が始まります。美しい田園風景の中で、二人はつかの間の時間を愛おしく過ごします。しかし、働くことを知らない貴族の男は持ち金を使い果たし困窮に陥るのですが……。

十九世紀末のスウェーデンで起こった実際の事件の映画化。妻子ある陸軍将校とサーカスの娘との駆け落ち、身分を超えた許されぬ恋の逃避行。木洩《こも》れ日きらめき、野花が風に揺れる晩夏の森の恋人たちの悲劇に世間が涙し、今なお語り継がれる永遠の名作です。二人の悲恋が絵画のような田園風景を背景に、モーツァルトの美しい旋律で綴られます。

二人の将来に不安を感じたエルヴィラは、ひとり人けのない建物の一室を訪れます。そこにはカード占い師がいて、二人の未来を占ってもらうのですが……。

そういえば、古いイタリア映画『自転車泥棒』でも同じようなシーンがあるのを思い出しました。主人公の少年のお母さんが、人が並んでいる建物の一室を訪れるのです。といってもこちらは第二次大戦後間もない、復興もままならぬみんなが貧しかった時代、誰もが日常生活に不安を感じていたので、何かにすがりたい気持ちでこういう商売に人々が集まるのでしょう。ですが、現在の日本でも霊感商法の問題が取りざたされているのを考えると、世間の情勢はいずれも、今も昔もさほど変わっていないのかもしれません。

もし少しでも興味をお持ちになったらチェックしてご覧くださいね。

めっきり寒くなった今日この頃、『みじかくも美しく燃え』に思いを馳せて、田園風景の冬景色を想像してみましょう。

（2022／12）

III

61

『スカイエース』

一九七六年、イギリス・フランス。ジャック・ゴールド監督。主演はマルコム・マクダウェル、ピーター・ファース。

物語は……一九一七年、フランスの英空軍駐屯地に着任する新米パイロット、クロフトたち。飛行経歴わずか十数時間の頼りない若者たちに、過酷な任務が次々と下されます。空の英雄は酒に溺れ、ノイローゼで操縦不能の兵士など思わぬ事態と直面する中で、独空軍の猛攻に苛《さいな》まれながらもクロフトたちは戦功をあげようとするのですが……。

『空軍大戦略』の製作者が第一次世界大戦のヨーロッパ戦線を舞台に、オールスターキャストで描く空前の戦争スペクタクルアクションです。当時としては破格の製作費八〇〇万ドルの超大作です。監督は舞台・テレビで認められたジャック・ゴールド。ダイナミックかつ華麗な撮影は名手ジェリー・フィッシャー。特撮は『サンダーバード』や『007』シリーズのデレク・メディングスが、それぞれ手がけました。

ドイツ空軍と一大決戦を交えるイギリス空軍のパイロットたちの雄姿を描く戦争映画の傑作ですが、同じ時代の複葉機の空中戦をドイツ側から見た戦争映画の傑作『レッド・バロン』と同じように本作品も完全な娯楽映画ではなく、戦争否定、反戦映画であることを忘れてはならないと思います。

惜しくも帰らぬ人となるクロフトは、主人公であるグレシャム中隊長の前に幻のように現れますが、すぐ消えてしまいます。戦争の無意味さ、はかなさを物語るシーンです。

この物語は約一〇〇年以上も前のものですが、二〇二三年、ロシアがウクライナに侵攻してもうすぐ一年、ちっとも人類は大戦の頃から進歩していません。それどころか世界破滅の道を歩んでいるのではないだろうかと危惧してしまいます。一刻も早く平和が再び訪れることを願ってやみません。

もし少しでも興味をお持ちになったらチェックしてご覧くださいね。

正月明けの今日この頃、『スカイエース』に思いを馳せて、少しでも人類の世界平和に思いを巡らしてみましょう。


（2023／1）

62 『戦争は終った』

一九六五年、フランス・スウェーデン。アラン・レネ監督。主演はイブ・モンタン、イングリッド・チューリン。

物語は……一九六五年四月、仲間の旅券でスペインからフランスの国境を越える革命家ディエゴ。当局の一斉検挙を仲間に知らせる帰国です。革命家の娘とひとときを過ごし、妻の家に戻りますが、母国スペインと革命運動家の仲間から逃れられないディエゴを見て、妻は彼と行動を共にすると誓いますが……。

スペイン内乱後、反体制運動を続ける革命家ディエゴの愛と苦悩の三日間。二〇二一年カンヌ国際映画祭のカンヌクラシックでも上映されました。第四十回アカデミー賞脚本賞ノミネート、名匠アラン・レネの名作です。フランコ政権下、仲間の一斉検挙を憂う活動家。同志の娘とのつかの間の逢瀬。愛妻と愛を確かめ合うも祖国のことが頭から離れない。スペインの元活動家センプランが自身の体験に基づき、見果てぬ夢と自由のために戦う強い意志を鮮烈に描きます。一九六七年、『キネマ旬報』外国映画ベストテン第三位。

アラン・レネ監督といえば、『去年マリエンバートで』でも述べましたが、流れるような映像とともに一種の独白と沈黙が作品を支配し、同じようにこの作品でも前半はレネ監督の特色が感じられます。ですが、物語が進むにつれて後半は俳優さんのクローズアップが多いサスペンスフルな仕上がりになっています。ですが、物語の筋よりもその作品の持つ独自性や雰囲気を楽しむ、といったような配慮が感じられると思えます。

『戦争は終った』という題名も、主人公である革命家ディエゴの中では実際のところ終わっていない、ただ反体制を続ける中、自分たちの立ち位置が新たな次の舞台へと変わりつつある……という意味をレネ監督は込めたのかもしれないと思えてきます。時が経てば次の舞台が待っていると、誰もが信じたいものでしょう。

二〇二三年の世界はどうでしょう？　ロシアがウクライナに侵攻してもうすぐ一年、残念ながら新たな舞台は見出せません。

もし少しでも興味をお持ちになったらチェックしてご覧くださいね。

新年早々、『戦争は終った』に思いを馳せて、新たな舞台を目指して少しでも平和を模索していきたいものです。

（2023／1）

63

『夏の嵐』

一九五四年、イタリア。ルキノ・ヴィスコンティ監督。主演はアリダ・ヴァッリ、ファーリー・グレンジャー。

物語は……一八六六年、オーストリア占領下のイタリア。ヴェネツィアでオペラを観劇中のオーストリア軍のフランツ・マーラー中尉と、抵抗運動を指揮するロベルト・ウッソーニ侯爵の間で決闘騒ぎが起きます。侯爵夫人のリヴィアが仲裁に入りますが、やがて彼女はフランツに心を乱され、激しい恋の炎を燃やします。戦争の勃発により二人は離れ離れになりますが、運命のいたずらによって再会を果たし、リヴィアの想いは再燃します。この彼女の情念は、やがて二人の運命を大きく動かすことになるのです……。

世界的巨匠ルキノ・ヴィスコンティの初のカラー作品にして、キャリア中期を代表する傑作です。彼の耽美的嗜好《しこう》へと連なるオペラ的絢爛さと、それまでの熾烈《しれつ》な現実を直視するリアリズム描写が見事に融合した、新境地にして最重要作です。

主演は、数々の名作に出演しイタリア映画界を代表するアリダ・ヴァッリ。若き将校と破滅的な恋に落ちる侯爵夫人を鬼気迫る演技で熱演しています。そして若き将校を演じるのは、アルフレッド・ヒッチコック監督の『ロープ』、『見知らぬ乗客』のファーリー・グレンジャー。あふれんばかりの色彩と壮大な音楽、観る者すべてを陶酔させる永遠の傑作です。

ある夏の嵐の夜、戦争で音信不通となっていたフランツとリヴィアは再会します。この出会いによってリヴィアはもうフランツと離れられなくなりそうになり、思い余ってフランツが話していた仲間の軍人のように、金で医者を買収しフランツを除隊させるために、ウッソーニから預かった軍資金二〇〇〇フロリンをそっくり彼に渡してしまうのでした。

この物語は、昔から言われているように「金の切れ目が縁の切れ目」ということを暗に示しています。男女の仲でお金の話が出たら、その相手とはご縁がなかった、と思うしかないので、もしあなたのお相手の男性（女性）がお金の話をしだしたら、慎重に行動しなければなりません。そうしないと二人の間には悲惨な結末が待っているのです。

それに、お金はそれに関わる人々の自尊心に働きかけます。この作品ではリヴィアはフランツとの恋を永遠に継続したかったからこそ、軍資金を彼に渡すことで自尊心を保ったはずですが、それゆえ、再会した彼に裏切られ自尊心を傷つけられるのです。

フランツの方もお金を得たことで、除隊が実現することになるのですが、オーストリア軍中尉としての自尊心が傷つけられたのです。もうそうなると軍人ではなくなり、自暴自棄となって、リヴィアと再会しても彼女を罵ることになるのでした。

お互いのために良かれと思ってやったことが裏目に出て、悲惨な結末となるわかりやすい例です。皆さんもお金には気をつけましょう。

もし少しでも興味をお持ちになったらチェックしてご覧くださいね。

寒い陽気が続きますが、『夏の嵐』に思いを馳せて、「男女の仲とお金」について考えてみましょう。

（2023／2）

64 『タランチュラ』

一九七一年、イタリア・フランス。パオロ・カヴァラ監督。主演はジャンカルロ・ジャンニーニ、ステファニア・サンドレッリ。

物語は……美に関わるあらゆる施術が評判の美容室。とりわけ女性たちを恍惚《こうこつ》へいざなうマッサージには定評がありました。浮気がばれた常連のマリアの惨殺死体が見つかると、猟奇的な事件が続き、テリーニ警部はとある昆虫学者にたどり着きます。毒グモ、タランチュラはスズメバチを天敵とし、毒針で刺されてから腹を裂かれて殺されます。果たしてその手口が一連の猟奇事件と一致するのですが……。

冒頭の官能シーンから目を奪われる「ジャーロ映画」の代表作です。「ジャーロ」とは犯罪小説の黄表紙の由来から。美人女優のヌードや性描写はもちろん、流血シーン満載のスタイリッシュな一品で、官能的な音楽はエンニオ・モリコーネ。ローマの富裕層を虜《とりこ》にするセレブ専門の美容室を舞台に猟奇殺人の謎を追う警部ですが、犯人は意外な人物……!

テリーニ警部は完璧な人物ではありません。その辺をジャンカルロ・ジャンニーニは上手く演じています。次々と起こる殺人事件、恋人との逢瀬を盗撮されたりして、事件を追っていく途中で何度も警察の看板を下ろしたくなります。「自分はこの仕事に向いていない……」とこぼしたり、不安に駆られたりと……。ヴィスコンティの『イノセント』のときのトゥリオ伯爵もそうでした。正妻と愛人のはざまで揺れ動く優柔不断な男性でした。この俳優さんはもしかしたら、人間の戸惑い、おそれ、不安などのネガティブな面を垣間見せる演技をさせたら、右に出る者はいないんじゃないか？　と、ふと思わせる節があります。人間の弱さを巧みに演じています。

もし少しでも興味をお持ちになったらチェックしてご覧くださいね。

寒い日々が続きますが、『タランチュラ』に思いを馳せて、人間の弱みについて考えてみましょう……。

（2023／2）

65 『扉の影に誰かいる』

一九七一年、フランス。ニコラス・ジェスネール監督。主演はチャールズ・ブロンソン、アンソニー・パーキンス。

物語は……精神科医のローレンスは、病院に連れてこられた記憶喪失の男を、治療という名目で自宅へ連れ帰ります。彼は男の記憶を操作し、妻の愛人を殺害させようと画策します。かくして巧妙な殺人計画が行われたかに思われましたが……。

精神科医に拾われた記憶喪失の男が、医師に操られるまま不気味な殺害計画に巻き込まれていきます……。全編、緊張感あふれる舞台劇のような野心作。男臭いブロンソンが記憶喪失の男という、複雑かつ静的な人物像に果敢にチャレンジ。ブロンソン作品の中でも異質の仕上がりとなった、究極の心理サスペンスです。

記憶喪失の男に妻の愛人を殺害させて、そのあとその場に居合わせた妻を男が襲うのは、扉の影のローレンスは計算していなかったようです。あわてて「フランシスは君の妻じゃない！」と止めに入ります。記憶喪失の男は何が何だかよくわからないまま去ってゆかせるのですが、それでローレンスは妻に殺害計画がばれてしまうのでした。

そうです、何かを得るためには何かを失わなければなりません。ローレンスは妻の愛を再び取り戻そうとしたために、妻の浮気相手の愛人を殺害させる罪を犯して、かえって妻の愛を失うというか遠ざけてしまった、という道理に気づくのです。ローレンスは妻に対する自分の愛情と、自ら犯した罪の証拠のテープを妻の前に並べて、妻にどちらかを選択するようにする……というところで、この物語は終わりますが、この作品をハッピーエンドととるか、あるいはその逆か、観る者の判断に任せようというラストはジェスネール監督の心憎い演出が光ります。いずれにせよブロンソンがどうなってしまうのか？　私は心配でした。

もし少しでも興味をお持ちになったらチェックしてご覧くださいね。

新緑映える季節の今日この頃、『扉の影に誰かいる』に思いを馳せて、「何かを得るためには何かを失わなければならない」という普遍的なテーマについて考えてみましょう。

（2023／5）

66 『ロミオとジュリエット』

一九六八年、イタリア・イギリス。フランコ・ゼフィレッリ監督。主演はオリヴィア・ハッセー、レナード・ホワイティング。

物語は……美しいキャプレット家の世継ぎジュリエットは、キャプレット家の舞踏会でロミオに出会い夢中になります。ですが、ロミオはキャプレット家の宿敵、モンタギュー家の息子でした。反目する両家の娘と息子が禁断の恋に落ちたのです。二人はひそかに永遠の愛を誓い、結婚式を挙げますが、この秘密の結婚が悲劇をもたらします。

ロミオは逃亡生活を、ジュリエットはパリスとの結婚を強いられます。ロミオと一緒に暮らすため、危険を承知でジュリエットは神父の計画に命を懸けたのですが……。

シェイクスピアの古典ロマンスをイタリアの監督フランコ・ゼフィレッリが素晴らしい映像で色鮮やかにスクリーンに蘇らせ、不朽のラブストーリーの最高傑作として映画史に名を残しました。一九六八年度アカデミー賞では、四部門でノミネートされ、撮影賞と衣装デザイン賞の二部門でオスカーを受賞しました。

まさに悲劇というものはラブストーリーの王道を行くものだな、という感じです。「あるものを得るためには、あるものを失わなければならない」。その道理に気づくには、ロミオとジュリエットは若すぎたのかもしれません。お互い反目する両家の世継ぎが結ばれるということ自体、間違っていたのかもしれませんが……。

「好きになってはいけないものを選んでしまう」という恋の特徴を、原作者のシェイクスピアは暗に示したかったのかもしれません。これは普遍的なものであり、洋の東西を問わず男女の「駆け落ち」、「心中」などが絶えないことは言うまでもありません。その究極的なシチュエーションが『ロミオとジュリエット』なのです。

ですが、二人はこの世で結ばれず悲しい別れ方をすることになりますが、ロミオとジュリエットが愛し合うことで、二人の愛は昇華され、それぞれの愛が得られた代わりに命を失う、という見方もあります。なので、あの世で二人は結ばれた、と言ってよいでしょう。

それにしても、ジュリエット役のオリヴィア・ハッセーは当時十五歳ということもあり、初々しく、美しいというより可愛い可憐さを発揮しています。この女優さんは後年、日本の国民的歌手布施明さんと再婚して、すぐ別れてしまったのですが、当時子供ながらに私も「国際結婚って難しい……」と思ったものです。

もし少しでも興味をお持ちになったらチェックしてご覧くださいね。

うだるような暑さが続いていますが、『ロミオとジュリエット』に思いを馳せて、国際結婚について考えてみましょう……。


（2023／7）

67 『チコと鮫《さめ》』

一九六二年、イタリア。フォルコ・クイリチ監督。主演はアル・カウエ、マルレーヌ・アマング。

物語は……神秘的、童話的であり、時には夢のように非現実的でさえある南海の楽園タヒチ。昔からここの漁夫たちにとって、人食い鮫は最大の仇敵《きゅうてき》とされてきました。

ある日、少年チコは海岸に迷い込んできた人食い鮫の子供を見つけ、女友達ディアーナと一緒に小さな鮫をひそかに育てていったのです。日増しに成長していった鮫は、チコとディアーナを豊かな色彩と美観に満ちた大洋の海底深く、あるいは、サンゴ礁の間を次々と案内して、素晴らしい風景の浜辺へ連れ出すのでした。

ですが、鮫は突然海底深く潜り、二人の視野から姿を消しました。それ以来、鮫は毎日海岸で待つチコのもとには帰ってこなかったのです。それから十年経ち、チコはたくましい青年に成長していました。仲間たちと漁に出たチコは、ある日、海岸で五メートルもある巨大な鮫と再会します……。

南海の夢の楽園タヒチを舞台に、チコという先住民の少年と人食い鮫との間に、ごく自然に芽生えた友情を描いたセミ・ドキュメンタリー映画です。かつて天才画家ゴーギャンの魂を奪い去った魅惑の島、タヒチにオールロケ。豊かな色彩と美観に満ちた南海の大自然や、サンゴ礁を次々に映し出しています。少年時代の夢と、未開の楽園への郷愁がドラマを流れ、島民の素朴な生活を折り込んで、詩情豊かな作品に仕上げています。出演者はポリネシア人の現地人アル・カウエ、タヒチと中国のハーフのマルレーヌ・アマング。

チコの女友達ディアーナは現地の人間ではなく、中国系アメリカ人の投資家の孫として観光にタヒチを訪れていたところ、チコと出会います。だからマルレーヌ・アマングは中国人？ という設定なのがわかります。ですので、短い限られた滞在期間の間、ディアーナはチコと鮫の子供を育てます。ですが鮫がいったんいなくなって、チコとも離れ離れになるのですが、ディアーナは十年後、美しい娘となってチコの前に再び現れるのでした。そのきっかけは一つのレコードの曲。同じ嗜好だった二人はまた偶然再会します。そうです、二人とも同じレコードの曲が好きでひかれ合うのでした。容姿は変わりましたが、チコもディアーナも性格はほとんど変わっていません。ただこれが、音楽がきっかけというところが、文明的ですが私にはうれしい展開でした。私も日常生活において音楽は不可欠なもの、と常日頃痛感していたからでした。

文明の利器を享受し続けてきたディアーナはタヒチへまた訪れて、少年時代と変わらないチコに再会して、ある決断に迫られます。「あるものを得る代わりに、あるものを失わなければならない」。タヒチを開発する野心的な実業家になった兄についてゆくべきか、鮫と友情を育み、昔ながらの漁生活を送るチコのあとを追い続けるべきか……。迷ったディアーナは、後者を選ぶのです。チコへの愛を得た代わりに、文明社会から遠ざかることになるのですが、誰でも形は違えど人生においてこのような「二者択一」に迫られるもの。なので、ディアーナの決断に物語を見ている側の我々も心動かされるのです。

あるものを得る……の場合、ラストが悲しい場合が多いのですが、この作品の場合は「ハッピーエンド」。それに新しいもの好きなディアーナのことですから、チコとの今後の生活も、ポイントポイントで文明の利器を取り込んで、「うまくやっていきそう」な期待も込めてある物語です。

もし少しでも興味をお持ちになったらチェックしてご覧くださいね。うだるような暑さが続く今日この頃ですが、『チコと鮫』に思いを馳せて、南海の楽園タヒチに行っている自分を少しでも想像してみましょう。

（2023／7）

68
『最後の晩餐《ばんさん》』

一九七三年、フランス・イタリア。マルコ・フェレーリ監督。主演はマルチェロ・マストロヤンニ、ウーゴ・トニャッツィほか。

物語は……パリ郊外の由緒ある大邸宅に、四人の中年美食家が集まりました。料理家のウーゴ、テレビディレクターのミシェル、裁判官のフィリップ、国際線の機長マルチェロ。この日から四人は共通の目的を遂行するために邸内にこもることを誓い合いました。それは「快楽の果てにある死」です。

地下室の酒倉に積まれた年代物の酒、庭にはトラックで運ばれた猪《いのしし》、小鹿、野生のホロホロ鳥、ひな鳥、鶏、牛の頭、羊などの大量の肉類があり、ウーゴを料理長にして、この夜から豪華絢爛たる晩餐会が繰り広げられます。そこへ女教師アンドレアが加わり、さらに三人の娼婦が呼ばれるのですが……。

人生に絶望した四人の美食家たちが繰り広げる飽食地獄の饗宴《きょうえん》、「死に至る快楽」を描く異色作です。監督・脚本は『ひきしお』のマルコ・フェレーリ。カンヌ国際映画祭を賛否両論で真っ二つに分けたこの映画、フランス中のジャーナリストは賛成か反対かの激烈な批評合戦を繰り広げました。イタリア・フランスを代表する名優陣が揃い踏みです。一九七三年カンヌ国際映画祭パルム・ドールノミネート、一九七三年カンヌ国際映画祭国際映画批評家連盟賞受賞作です。

この四人の男たちに作品を通して感じられるのは、「快楽を追求……」しているようですが、ちっともうれしそうではないように映ります。なぜなら、その先には「死」が待ち受けているからです。「あるものを得るためには、あるものを失わなければならない」。この作品の場合は、快楽を得る代わりに命を失う、ということでしょうが、さまざまなプロセスを経ずに結論を先に出して行動すると、予測していた結論以外のプロセスが生まれるのです。

私たち人間は多かれ少なかれほとんどの人々が日常生活の中で「予期できないところの偶然の素晴らしさ」（ミッション）を享受して生きています。それを意識するかしないかは別として、この世の出来事はミッションの連続と言ってよいでしょう。ですが、同時に

「予期できないところの偶然の不幸」（アクシデント）に遭遇することもあります。むしろ、その方が多いと感じる人もいるでしょう。

この作品『最後の晩餐』は、快楽を追求するために死に至るまでに、予測もしないプロセスを踏むことになることを物語っているのではないでしょうか。それには「ミッション」だけでなく「アクシデント」も含まれます。例えば機長のマルチェロは、雪降る夜に屋敷を飛び出して凍死したり、邸宅のトイレが壊れて汚物まみれになったりと……プロセスを踏まずに結論を先に出すと、また新たなプロセスが生まれ、動揺してしまういい例でしょう。

「プロセス重視の生き方」がいかに大切か……余談ですが「若いうちの苦労は買ってでもしろ」とか「可愛い子には旅をさせよ」などのことわざがありますが、これは単に苦痛や苦行にさらされることがよい、と言っているわけではなくて、経験が少ないうちにさまざまなプロセスを踏んでいくと、将来の展望が開けてくるよ、という意味なのです。「あるものを得るために、あるものを失わなければならない」のですが、これはより多くのプロセスを経て到達する概念なのです。

もし少しでも興味をお持ちになったらチェックしてご覧くださいね。

お盆を過ぎても暑い陽気が続く今日この頃、『最後の晩餐』に思いを馳せて「プロセス重視の生き方」について考えてみましょう……。

69『総進撃』

（2023／8）

一九七〇年、イタリア・ユーゴスラヴィア。フランチェスコ・ロージ監督。主演はマーク・フレチェット、アラン・キュニー。

物語は……第一次世界大戦下の一九一六年、イタリア軍とオーストリア軍の戦いは凄惨を極めていました。イタリア軍の若い中尉サッスウは、恵まれた環境に育ち、愛国心に燃える純粋な理想主義者です。この戦争に正義を見る彼は、勇躍、最前線に乗り込みました。ですが、わがイタリア軍は、オーストリア軍の猛攻撃で、フィオール山からの敗走という劣勢でした。

ここで初めて、戦争の残虐な姿を目の当たりにしてサッスウが茫然《ぼうぜん》自失としているところへ、レオーネ将軍の召喚指令が届きました。将軍はフィオール山の戦略的重要性を熱を込めて語り、その奪回への激しい決意を示しました。その夜、将軍自らが陣頭に立って開始された総進撃も思ったより困難を極め、仕方なくイタリア軍は塹壕《ざんごう》を掘ってオーストリア軍と対峙することになってしまったのでした。

戦争という極限状態によって暴かれる、人間の心に潜むファシズム、冷酷無比な攻撃性。そして、その異常性の前にもろくも崩れ落ちる正義、理想、無償の散華への決意……第一次世界大戦のイタリアとオーストリアが戦場の舞台。劣勢の中、狂信的に進撃を叫び続けるイタリア軍司令部。この戦場にあって、理不尽な命令と死に、抵抗を貫くことができるのでしょうか？

大勢の戦友の死を目の当たりにして、サッスウ中尉は結局、兵士たちに持ち場を離れることを許し、その責任を問われ「反逆罪」で銃殺となり命を落としてしまいます。……という感じの終わり方ですが、何と言いますか、人間の命はあっけないというか、はかなさを感じます。

日本でももう八十年ほど前ですが、戦争でかけがえのない大勢の命が失われました。ですが、「軍隊」と戦争との価値観が外国と少し違う気がします。日本では軍隊における上官に逆らうのは考えられないことであり、上官の命令は絶対であって逆らうことはほぼなかった――二・二六事件の青年将校などの一過性のクーデターはあったものの、すぐ鎮圧され上層部にもみ消されてしまったのでした。

外国ですと、上官の下の兵士たちは自主性があり、理不尽なことがあれば最大限抵抗するのが普通だったのかもしれません。それと、組織の中で大きな格差があった――将軍や将校たちはぜいたくな暮らしをしており、下士官以下の兵士たちはほとんど貧しい農民だったりした——普段から不満が生ずるような、階層による格差があったようです。日本では、将軍も将校も軍隊を下りれば、ほとんど普通の人であり、一般の兵卒と暮らしぶりもさほど変わらない、それくらい全体が貧しかったのかもしれません。ですから、日本では格差がほとんどなかった、と言えるでしょう。ですが、逆に言えば一致団結し過ぎて、組織的ないじめや暴行はあったかもしれません。

私は父からよく戦争のエピソードを聞かされて育ちました。その中で、日頃上官に逆らえない下の兵士たちは、戦場のどさくさで先頭の将軍たちに後ろから銃を向けた連中もいたかもしれない、というのです。この話を聞いた時、考えられないとも思いましたが、日頃から恨みを持っていた兵士たちは、そういう方法でしか恨みを晴らすことができなかったのでしょう。

話をまた映画に戻しますが、この作品を見ていて連想したのが、太平洋戦争の激戦地の中の一つ、「インパール作戦」。一九四四年三月、ビルマ戦線インパールを攻略しようとした日本軍は連合軍とぶつかりますが、わずか三か月で敗走。ですが、上層部と現地の状況の把握に開きがあって、撤退が遅れて、その間に約十六万人の将兵が命を落としていったのです。

もっとも太平洋戦争では、インパールだけが悲惨な戦場ではなかったのですが。

「○○将軍、発狂す」というエピソードも残されています。大本営から、「撤退せず、持ち場を離れるな」と指令を受けていたにもかかわらず、「このままでは無駄に将兵たちの命が奪われてしまう。それなら自分が発狂したことにして、師団を撤退させよう！」と決断した部下思いの将軍もいたのです。

結局、この師団長は責任を取らされ更迭となりますが、今考えると、この将軍の判断は英断だったと言えましょう。自分を犠牲にしてまで、部下の将兵たちを救いたかったのでしょう。この作品のレオーネ将軍に聞かせてやりたいです。

それと、この作品は本来なら「後味が悪い」とか言えるのでしょうが、不思議とそういう感じがあまりしなかったのは、この作品の「撮り方」に秘密があるからかもしれません。戦場のシーンがほとんどですが、クローズアップを極力排し、戦場の醜悪で残酷なシーンをあまり映さず、淡々と物語は進んでゆくからです。

あのヴィスコンティの『ヴェニスに死す』を撮影した撮影監督が携わっているので、戦場も少し美化されて映っているような気がします。ですが、逆に物語の残酷さが強調され、刺さるものが多いような気もします。

もし少しでも興味をお持ちになったらチェックしてご覧くださいね。

残暑が相変わらずきつい今日この頃ですが、『総進撃』に思いを馳せて、戦争と軍隊について考えてみましょう……。

70 『素直な悪女』

（2023／9）

一九五六年、フランス。ロジェ・ヴァディム監督。主演はブリジット・バルドー、ジャン＝ルイ・トランティニャン。

物語は……南フランス、サン・トロペの町の孤児ジュリエットは、まだ十八歳という若さですが、自然と男の心を挑発せずにはおかぬような性的魅力にあふれた娘です。彼女は子供のいないモラン老夫婦に引き取られ、夫妻の経営する書店で働くことになりましたが、彼女の周りには、その魅力にひかれていろいろな男が集まってきます。

ジュリエットを狙う男の一人はエリックで、彼は「エスカル」という酒場の主人で、なかなかの事業家。内気で病弱な青年ミシェルもジュリエットをひそかに愛しており、またミシェルの兄でプレイボーイのアントワーヌも彼女の魅力にひかれている男の一人でした。

アントワーヌはジュリエットを誘惑しようとしますが、裏切ってしまい、その代わりに彼女は弟のミシェルと結婚することになりますが……。

男の心を挑発せずにはおかぬ官能的魅力を放つ女優ブリジット・バルドー。その彼女の魅力を十二分に発揮させようという意図で作られたのがこの作品です。そして彼女の夫ロジェ・ヴァディムが監督したものだけに、その意図は十分に生かされ、彼女の魅力の全貌が強烈に引き出されています。

この作品は、無意識のうちに、周囲の男たちに欲望と葛藤を巻き起こさせる美しい十八歳の娘の物語ですが、ヴァディム監督がプロデューサーのラウール・レヴィと共同でオリジナル・シナリオを執筆しています。

物語の中の登場人物、事業家エリック演じるクルト・ユルゲンスは、『眼下の敵』や、『史上最大の作戦』などの戦争映画のドイツ将校のイメージが強いので、どうしてもふてぶてしい悪役的イメージで見てしまいますが、この作品でも、富と権力の象徴のような、老《ろう》獪《かい》な中年の役を演じています。彼はジュリエットを金で口説こうとしますが、重ね重ね申し上げますが、男女の仲にお金の話が出てくると、ご縁がなくなるか、二人は遠ざかります。

この作品では冒頭から最後までエリックはジュリエットに近づけない、「傍観者的立場」でしか関われませんが、唯一彼がとった行動と言えば、ラストのジュリエットが酒場で踊りまくるシーン。この作品の見せ場ですが、同席していたミシェルが彼女に銃を撃とうとするのを、防ぐところでしょうか。代わりに自身がかすり傷を負いますが、彼女を守ったという意味で、これは評価すべきでしょう。ですが結局、傍観者的な立場で終えるのです。

数年後、ヴァディム監督はブリジット・バルドーと破局して別れますが、以後彼女は「恋多き女」として世間に広く知れ渡るようになります。そうそう、すでに結婚していたのに、あのセルジュ・ゲンスブールが彼女にいかれていたこともありました。彼はバルドーとのデュエット曲「ジュ・テーム・モワ・ノン・プリュ」を世に出して、バルドーとの仲を公然としようとしますが、直前で彼女に「リリースしないで、私の夫が傷つくから……」と懇願されます。

自分以外に彼女が大切にしている人がいるのを確信した彼は、泣く泣く「ジュ・テーム……」のリリースをキャンセルし、身を引くことになります。つまり彼は彼女にフラれたわけです。それでも未練がましく、その代わりに彼女との仲を綴った曲「イニシャルB.B.」をリリースし、彼女をなじるのでした。「B.B.」とは、もちろんバルドーのことです。

何と言いますか、日本では「諦念」の文化なので、一度失恋したら、またその次の人、みたいなところがありますが、外国では恋愛に対して「しつこい」というか、「執着心が強い」のかもしれません。アズナヴールさんの曲でも、何十年も前の恋愛について「僕は何一つ忘れず覚えているよ～♪」と歌いますが、同じように日本の老人がまねしたら、認知症かアルツハイマー？　と誤解されてしまうかもしれませんね。諦めが悪いのも考えものです。

話を戻しますが、ゲンスブールは、その後、ジェーン・バーキンと出会って恋に落ちて、「ジュ・テーム……」をデュエットして世に送り出すのでした。実はこの曲はバーキンとではなくて、もともとはバルドーとの曲であるのを知っている方は少ないかもしれませんが……。

もし少しでも興味をお持ちになったらチェックしてご覧くださいね。

残暑がかなりきつい毎日ですが、『素直な悪女』に思いを馳せて、恋愛と執着心について考えてみましょう……。


（2023／9）

71

『欲望という名の電車』

一九五一年、アメリカ。エリア・カザン監督。主演はヴィヴィアン・リー、マーロン・ブランド。

物語は……妹ステラを訪ねてニューオリンズにやってきた女性ブランチが、彼女を嫌う妹の夫スタンリーによって暗い過去を暴かれ、精神的に病んでいきます……。ピューリッツァー賞に輝いたテネシー・ウィリアムズの同名戯曲を、名匠エリア・カザン監督が完全映画化しました。『風と共に去りぬ』（一九三九）のスカーレットとは打って変わった鬼気迫る女ブランチを、ヴィヴィアン・リーが熱演。この作品によって初紹介されたマーロン・ブランドの野性的な魅力も光ります。一九五一年度アカデミー賞で主演女優、助演女優、助演男優、美術監督・装置の各賞を受賞しました。

この作品の主人公であるヴィヴィアン・リーほど、映画の世界（虚構の世界）と現実世界がオーバーラップする女優さんはほかにいないでしょう。以前にご紹介した映画『セント・マーティンの小径』では、身寄りのない貧しい娘が、一夜にして大スターとなる女優の物語でしたが、これは現実では、のちにイギリスからアメリカのハリウッドに呼ばれ、映画『風と共に去りぬ』のスカーレット・オハラの役に大抜擢され、映画は大成功、彼女は一躍脚光を浴びて、皆から「美女」と崇められ、世界的な大スターとなっていくのでした。

それから数年後、美女としての美しさに翳《かげ》りが見え始め、年とともに老いを感じられるようになった彼女は、この作品『欲望という名の電車』のブランチを演じ、かつて若かりし頃は美しかったが、裕福だった昔なら考えられない妹夫婦を頼ってくるのですが、妹の夫に嫌われ、精神的に不安定になり、施設に連れていかれるという悲しい結末。

私生活では、再婚した、自身の女優としての地位を確立させてもらえた俳優ローレンス・オリヴィエに半ば見捨てられるように別れてしまい、最期は孤独死のように結核で命を失うのでした。何とも哀れというか、なぜ彼女は自身の運命と重なるような役柄を選んで演じたのでしょうか？　今となってははっきり理由がわかりませんが、きっと彼女は寂しかったんじゃないでしょうか。

美しさに惹かれる愛情や同情だけでなく、自分自身を理解し、共感してくれる同志のような存在を求めていたのかもしれません。そうです、自分の生き方そのものを受け入れてくれて、肯定してくれるような人を探していたのかもしれません。

結局、そういう人が見つからなかった――ローレンス・オリヴィエは彼女を仕事上のパートナーとして割り切って彼女を利用した――のですが、彼の肩を持つわけではありませんが、彼女が持病である結核のほかに「双極性障害」を発症していたのも事実。そういう彼女の扱いに困ったのかもしれないのです。それでほかの若い女優へパートナーを乗り換えてしまっただけなのです。彼女のこの作品でのブランチは確かに名演技です。ですが、表現能力が病的なほど役に乗り移っているというか、少し異常に映るのは、双極性障害の気質からくるものなのかもしれません。

幸せというか、幸福というものは量で測れませんが、もし測ることができるとしたら、皆それぞれ「絶対量」は決まっていて、すぐに使い果たしてしまうか、出し惜しみして先に延ばすかの問題なのかもしれません。ヴィヴィアン・リーの場合は、若い初期の段階で成功し過ぎたため、幸せを早々と使い切ってしまい、あとが不幸になってしまったように映ります。

ですが、「あるものを得るためには、あるものを失わなければならない」。そうです、彼女は命を失った代わりに、双極性障害や美醜、世間の評判などのあらゆる「縛り」から解放されて自由を得ることができたかもしれないのです。

そう考えると、彼女は女性としての生き方では、あまり幸福ではなかったかもしれませんが、役者人生としては幸せだったのかもしれません。

妹の夫スタンリー役を演じるマーロン・ブランドは、三島由紀夫的な言い方になぞらえれば、この作品では「市井《しせい》の人」で荒っぽい、上品なブランチとは水と油、合うわけがないのかもしれません。この俳優さんに関しては、『ゴッドファーザー』や、『地獄の黙示録』に出演していた中年になってからの役柄のイメージが強すぎて、若い頃の役は、私はあまり知りません。

「アクターズ・スタジオ」出身で、後輩にジェームス・ディーンがいます。『若き獅子《しし》たち』ではスマートなドイツ将校を演じていました。その雰囲気がどことなく駆け出しのポール・ニューマンに似ている気がしました。というより、ポール・ニューマンの方が彼をまねていたのかもしれません。

もし少しでも興味をお持ちになったらチェックしてご覧くださいね。
残暑が厳しい毎日ですが、『欲望という名の電車』に思いを馳せて、「愛と孤独」について考えてみましょう……。

（2023／9）

72 『ペーパームーン』

一九七三年、アメリカ。ピーター・ボグダノヴィッチ監督。主演はライアン・オニール、テイタム・オニール。

物語は……モーゼ・プレイは口達者な詐欺師。大恐慌の時代、彼は誰をも信用させる笑顔から、きれいな歯をのぞかせ、カモにできそうな夫を亡くしたばかりの女性のリストを手に、車いっぱい豪華な聖書を積んでカンザスを走り抜けています。そんな彼に〝組まないか〟と言わしめたのが、九歳にしてすでにタバコを吸っている孤児のアディでした。

こんな二人の旅に、神経過敏なトリクシー・デライトが加わります。その時、アディは、そんなことが起こるはずはないのですが、トリクシーが自分とモーゼの仲を裂くのではないかと思ってしまうのでした。

主演を務めるのは、ライアン・オニールと彼の実娘であるテイタム。テイタム・オニールは、この映画デビュー作でアカデミー助演女優賞を受賞しました。とにかく愛くるしいテイタムが可愛く、父親かもしれない、というモーゼを振り回す演技は楽しく微笑《ほほえ》ましい親子共演です。物語では……アディのアイデアによって、トリクシーを〝お払い箱〟にしたあと、二人は密売人をだまそうとしますが、失敗し、おかげでモーゼはひどい目に遭い、お金も失うのでした。

失意の中、モーゼはアディの親戚の家へ彼女を送り届けて、二人はいったん別れますが、アディの方が家を飛び出し、再びモーゼのもとへ戻るのでした。「あるものを得る代わりに、あるものを失わなければならない」。アディは孤児となってモーゼとの気ままな旅の生活を失いますが、実の母親の親戚の家へ預けられるのです。しかし、そこでも自分の居場所を見つけられないと悟った彼女は、再びモーゼのところへ戻ります。モーゼの方もアディとの疑似親子のような関係に最初は戸惑ったものの、やはり一人で詐欺稼業をするよりは、二人の方が何かと都合がよく、口では悪く言うものの、アディのことが実の娘のように愛しく思えてきたのでしょう。

なので、今回は二人とも「失うものがない」という形で終えるので、この物語はハッピーエンド、と言ってよいでしょう。久しぶりに私も〝後味の良い〟作品に巡り合えてよかったです。

テイタム・オニールと言えば、もう少し大きくなってから主演した『がんばれ！ベアーズ』がブレイクして日本でも話題となりました。この作品は今で言う〝野球女子〟の物語。このベアーズの対戦相手の野球チームの監督が、あの『コンバット！』のヴィック・モロー。サンダース軍曹は、平和になって仕事にあぶれて、こんな作品の役をやっていたんだなあ、と私には印象的でした。

「外タレ」という言葉がまだなかった頃、テイタム・オニールやこの時代のティーンエイジャーの俳優さんたちを、日本では「ＹＡ（ヤングアダルト）スター」と呼んでいました。ほかにもブルック・シールズや、ダイアン・レインなど、彼女たちは洋画雑誌『スクリーン』や『ロードショー』などの表紙をよく飾っていました。

当時の私は、ＹＡスターには興味がなく、というより幼すぎてアルバイトもできず、お小遣いの予算だけで限られていたので、とても映画の方にはお金をかけられず、その代わり音楽の方に関心を持っていました。洋楽を聴くようになったのもこの頃からで、深夜番組、小林克也の「ベストヒットＵＳＡ」などをよく見ていました。

最初にファンになったのは「オリヴィア・ニュートン＝ジョン」。彼女の歌声が好きで、ファンクラブの集いに行ったこともありました。もうかれこれ四十年以上も前の話なので、記憶もあやふやですが、ＪＲ山手線の恵比寿駅で降りて、駅前の通り沿いの雑居ビルみたいなところを訪れた記憶があります。そこではオリヴィアのファン、といってもおじさんたちばかり、そこに中学生だった私が参加したので、周囲から少し浮いていたかも（笑）。そこではオリヴィアの未発表曲を視聴したり、まだビデオやDVDがなかった時代、レーザーディスクでオリヴィアのライブ映像を鑑賞した、と思います。当時の私はシャイで人見知りする子供だったので、周りの人々ともうまくなじめず、孤立しかかっていた時、高校生くらいのお兄さんが話しかけてきてくれて、「君、年はいくつなの？」みたいな感じで……。どこの世界にも「世話好き」みたいな人がいてくれたおかげで、自分も今がある、と言ってよいかと思います。少しおせっかいですが、やさしい人に助けられてきた私でした。

話がそれてしまいましたが、もし少しでも興味をお持ちになったらチェックしてご覧くださいね。

好天が続いていますが、少し肌寒い陽気の今日この頃、『ペーパームーン』に思いを馳せて、「外タレ」と「YAスター」について考えてみましょう……。

（2023／10）

73 『雨のニューオリンズ』

一九六六年、アメリカ。シドニー・ポラック監督。主演はナタリー・ウッド、ロバート・レッドフォード。

物語は……不況にあえぐミシシッピー州の小さな田舎町に、若きエリート、オーエンが鉄道従業員の人員整理を目的に派遣されてきます。オーエンが宿泊する下宿屋の娘アルバは、洗練された都会の魅力を持つ彼とたちまち恋に落ちます。一方、オーエンは解雇通知を渡された従業員の恨みを買い、袋叩きにされてしまいます。

やがて愛し合うようになるオーエンとアルバは、共にニューオリンズへ旅立とうとしますが、アルバの母によって引き裂かれてしまうのですが……。

テネシー・ウィリアムズの戯曲をもとに、若きフランシス・フォード・コッポラが脚本を担当、シドニー・ポラックが監督した切ないヒューマンドラマです。若き日のロバート・レッドフォードと、小悪魔的演技が印象に残るナタリー・ウッドの共演が魅力です。

この作品を見た前後に、ちょうどガザ地区のイスラエルとパレスチナの問題のニュースがまた入ってきて、イスラエル軍がパレスチナの病院を空爆によって破壊したそうです。イスラエル軍はパレスチナの武装組織ハマスのロケット弾による誤射であると主張していますが、どうも被害のなすりあいの様相を呈してきたようで、これではお互いに身を引くようにしなければ、憎しみの連鎖は収まらず、いつまでたっても争いは繰り返されるでしょう。一刻も早く事態を鎮静化させるよう国際社会が働きかけねばなりません。

この作品のラストで、アルバの母はニューオリンズのオーエンのもとへ出向き、オーエンに彼が知らなくてよいアルバのことを暴露し、アルバは雨のニューオリンズの町を出て行ってしまい、そのまま帰らぬ人となってしまいます。全く〝毒親〟とはこういうことか、と思い知らされます。いつの時代もどこにでも〝毒親〟は存在すると思うと腹が立ちます。自分の生活のためなら、娘の明るい未来をも平気で壊してしまうのですから、ひどいものです。

この作品における一番の被害者は、幸福をもう少しでつかみ損ねたアルバでもなく、下宿屋から娘を追いかけてきたアルバの母親でもなく、愛するアルバのために仕事を変えてまで彼女にプロポーズしたオーエンでしょう。彼はたまたま仕事で田舎町の下宿屋に泊まっただけで、もしそこでアルバと出会わなければ、こういう展開にはならなかったはずです。

「あるものを得る代わりに、あるものを失わなければならない」。アルバはアルバの母親に、下宿屋の看板娘としてまつり上げられていた――そこにオーエンと出会った――でも彼とは結局結ばれないまま、彼の愛と自身の命を失ってしまうのですが、その代わりその魂は昇華され、真の意味で自由を得られるようになった、と考えれば少しは救われるでしょう。

オーエンはどうでしょうか？　彼は愛するアルバの愛も失ってしまいますが、その代わり思い出が残るのではないでしょうか。アルバとの甘い濃密なひとときの思い出が……二人のシーンでよく引き合いに出された、ボール状のスノードームのようなもの。それを彼女は好んでいました。彼はアルバを失った今では、スノードームが形見のようなものになったはずです。それを見るたびに彼女を思い出す——思い出の品です。

ヴィヴィアン・リーとロバート・テイラーの『哀愁』のワンシーンでも、戦地へ向かう彼に彼女は、「お守り」を預けます。作品のラストで彼女はトラックの車列の中に飛び込んで自殺してしまいますが、それから彼はそのお守りを彼女の形見として後生大事にするという結末です。これと同じようにオーエンもスノードームを形見として、アルバを失っても彼女の存在を忘れない——いつまでも思い出す——と、思いたいものです。

アルバの恋人役として出演しているチャールズ・ブロンソンは、主役でも脇役でもこなすオールラウンドな役者ですが、今回は脇役ですが存在感を放っていました。そのブロンソンの妻は、彼の作品『雨の訪問者』以来、共演の続いたジル・アイアランド。彼女は『扉の影に誰かいる』でも、記憶喪失の強姦魔《ごうかんま》と、精神科医の人妻、という組み合わせでブロンソンと共演しています。二人はとても仲が良く、夫唱婦随のおしどり夫婦として世間では評判だったそうです。

ですが、彼女の方が先に乳がんを患い、四十四歳という若さでこの世を去ってしまいます。妻に先立たれたブロンソンは、しばらくは再婚できませんでしたが、やっとまた再婚した三年後くらいに彼も肺炎で亡くなります。そうです。前妻を追うかのように……。

ジル・アイアランドは前の夫があの『ナポレオン・ソロ』のデヴィッド・マッカラムだったのですが、彼とはあまり相性がよくなかったのか、次のブロンソンが気に入り過ぎたのか、今となってはわかりませんが、そのデヴィッド・マッカラムも先日訃報が届きました。心よりご冥福をお祈りいたします。

もし少しでも興味をお持ちになったらチェックしてご覧くださいね。

秋晴れの続く良い陽気になった今日この頃、『雨のニューオリンズ』に思いを馳せて、「夫唱婦随のおしどり夫婦」について考えてみましょう。

（2023／10）

74 『ケマダの戦い』

一九六九年、イタリア・フランス。ジッロ・ポンテコルヴォ監督。主演はマーロン・ブランド、エヴァリスト・マルケス。

物語は……カリブ海に浮かぶポルトガル領ケマダ。世界中に植民地化を進めていた大英帝国は、その島の豊富なサトウキビに着目し、経験豊かな冒険家ウィリアム・ウォーカー卿を送り込みました。そして若い黒人奴隷ホセ・ドロレスを利用して反乱を起こさせ、砂糖の支配権を握ります。十年後、真の自由を望んだホセは、今度は大英帝国に対して革命を企てます。ウォーカーは彼が植え付けた自由の運動を根絶させるべく、再びケマダに向かうのですが……。

ジッロ・ポンテコルヴォ監督の前作『アルジェの戦い』は、観る人を自らその戦いに参加しているかのような熾烈な感動と興奮に駆り立てました。『ケマダの戦い』は十九世紀の大国の植民地化政策に真っ向から切り込み、民族運動の必然性を描き出しています。その説得力の強さはモデルとされた国、スペインから厳重な抗議を受け、一時製作が頓挫したと言われて映画の完成が遅れ、題名も『QUEIMADA』から『BURN!』に、国名がスペインからポルトガルに変更されました。

ちょうどこの作品を見ていた前後に、ガザ地区のパレスチナとイスラエルが「戦争状態」とのニュースが入ってきて、世界ではウクライナとロシアのこともまだ終わっていないのに……と言いますか、日本はつくづく平和でよかった、と思ったものです。ですがこの平和も多くの犠牲の上に成り立っていることを忘れてはいけないし、平和でない地域へ一刻も早く争いが収まるように働きかけねばなりません。

この作品の一番の犠牲者は、サトウキビを搾取されたケマダの奴隷たちでもなく、彼らの指導的立場にあったホセでもなく、最後にカバン持ちにナイフで刺されて命を落とすウォーカー卿ではないでしょうか。彼は一度はポルトガルからケマダの奴隷たちを解放するのを手助けしたものの、今度はその彼らを討伐することになるとは……何とも皮肉なめぐりあわせということでしょう。

もちろんクールなウォーカー卿は、表情こそ表に見せないものの、二度目のホセの反乱の討伐には、正直なところあまり気が進まないというか、任務だから仕方がないみたいなところがあったはずです。それに若いホセに対して友情のような親近感を抱いていたようにも見受けられます。その証拠に身柄を拘束されて捕らえられたホセを、絞首刑になる直前に逃がそうとします。

ですが、ホセの方はウォーカー卿のようには感じなかった。というより、ポルトガル、イギリス関係なく、白人そのものを憎むようになっていたからなのです。「あるものを得る代わりに、あるものを失わなければならない」。ホセは自分が殉死することで、あとに続く志のものを残していったのです。それは白人社会に対する反発であり、抵抗なのです。

そうみると、この作品は人種差別問題を提起しており、白人至上主義への黒人のアンチテーゼのような、大きなテーマが隠されている、と言ってよいでしょう。

一方、ウォーカー卿はどうでしょうか？　彼はラストシーンでナイフで刺され命を失いますが、その命は昇華され、人種を超えた自由のようなものを得られるようになったかもしれません。彼はホセとは本当は争いたくなかった、今頃あの世で二人は談笑しているかもしれません。そうです。彼は白人至上主義の白人ではなく、人種を超えた連帯を望んでいたのでしょう。そう考えると、彼の死も無駄ではなかったかもしれません。

ウォーカー卿が最初にケマダを訪れた時には、まだ部下的立場だったレナート・サルヴァトーリ演じるテディも、大英帝国に利用された犠牲者でしょう。ケマダの実権的支配者でしたが、逮捕され銃殺刑になるからです。

このレナート・サルヴァトーリといえば、ヴィスコンティの『若者のすべて』でアニー・ジラルド演じる娼婦の恋人を、主役のアラン・ドロンと取り合うアラン・ドロンの兄役が強烈だったので、忘れがたい俳優さんのひとりです。彼が『若者のすべて』を撮影したのち、アニー・ジラルドとの共演を機に結婚するのは有名な話です。物語の二人と同様、私生活でもお互い「離れがたい存在」に感じたからでしょう。

もし少しでも興味をお持ちになったらチェックしてご覧くださいね。
すっかり秋晴れ、涼しくなった今日この頃、『ケマダの戦い』に思いを馳せて、「白人至上主義と人種差別問題」について考えてみましょう……。

（2023／10）

75 『オール・ザット・ジャズ』

一九七九年、アメリカ。ボブ・フォッシー監督。主演はロイ・シャイダー、ジェシカ・ラング。

物語は……今も昔も変わらぬショービジネスの頂点、イルミネーションが光り輝くニューヨークのブロードウェイ。ミュージカル監督のジョー・ギデオンは、酒と女とヘビースモーキング、そしてステージに明け暮れる毎日を送っていました。忙しさの続く中、ジョーは過労のために倒れ、生死をさまよってしまいます。無意識の中、自分の人生を回顧する彼の前に現れた美しい天使。彼女は死の象徴だったのです……。

ステージに懸けた男のショーマンとしての人生のすべてを、圧倒的なダンスシーンを織り交ぜて描くこの作品は、『キャバレー』『レニー・ブルース』でショービジネスの世界を描き続けてきたボブ・フォッシーが、ノスタルジーと苦渋を込めて完成させた、彼自身の華麗なる半生記でもあります。ロイ・シャイダーの演技と、全編にちりばめられた迫力あるミュージカル・シーンが素晴らしい名作です。

ジェシカ・ラング演じる死の象徴である天使は、作品の中で時折ジョーの中に現れ、彼の自問自答に寄り添います。そして物語のラストでジョーを死後の世界へと導き、迎えるのです。「あるものを得る代わりに、あるものを失わなければならない」。ジョーにとって死の象徴であるアンジェリークは、〝理想の女性像〟であり〝希望〟なのです。なので、ジョーは命と引きかえにこれらを得る、ということになるのでしょう。

恋人であるケイティはどうでしょうか？　彼女はジョーとその愛を失いますが、代わりに今までジョーに縛られていたあらゆるものから解放され、真の意味で〝自由〟を得られるようになったのかもしれません。

それにしてもジョー演じるロイ・シャイダーは、『恐怖の報酬』では南米の僻地でニトロをトラックで運ぶという、一触即発のリスクを抱える犯罪者を演じましたが、ここではならず者の悲哀に満ちたニヒリズムを感じさせました。この作品では〝遊び人〟と言ってもよいステージに明け暮れる演出監督になっていますが、何となく風貌まで製作のフォッシー監督に似ているように見せる演技力はさすがです。役者冥利に尽きる俳優さんだなあ、と感心します。

もし少しでも興味をお持ちになったらチェックしてご覧くださいね。

すっかり寒くなった今日この頃、『オール・ザット・ジャズ』に思いを馳せて、〝恐怖の報酬〟について考えを巡らせてみましょう……。


（2023／11）

76 『恋ひとすじに』

一九五八年、フランス・イタリア。ピエール・ガスパール＝ユイ監督。主演はアラン・ドロン、ロミー・シュナイダー。

物語は……最初の日曜日は夢心地。次の日曜は、まだ楽しい。三度目になると、少し退屈。四度目には別れる……スマートな制服に身を固めた若い竜騎兵の将校たちは、いずれ劣らぬドン・ファンぞろい。一九〇六年、人々がワルツに浮かれ、シャンパンの酔い心地を楽しんでいたオーストリアの都、ウィーン。

ある夜、二人の若く美しい男女が出逢います。初めての出会いから一夜明けた朝、竜騎兵の行進を見つめるバルコニーのクリスチーヌ……。フランツの方も馬上からバルコニーの彼女を探し、目で合図を送ります。すべてが輝きだす恋の助走が始まったのでした……。

しかし、フランツにはすでに人妻（男爵夫人）の恋人がいたのです。可憐なクリスチーヌとの純粋な恋を貫くため、男爵夫人との別れを決意します。ですが、この不倫の恋が男爵の知るところとなり、物語は思わぬ悲劇へと向かうのです……。

若き竜騎兵フランツ役は、『お嬢さん、お手やわらかに！』で初めて日本のスクリーンに登場し、当時、ファンを完全に魅了してしまった美貌のアラン・ドロン。一方、オペラ歌手志望の美しい娘クリスチーヌを演じたのは、すでにドイツ映画界の秘蔵っ子となっていたロミー・シュナイダー。本作の共演が国境を超えたロマンスの糸口となって、映画の中の悲恋とは反対に、二人は婚約まで果たすのです。

男爵夫人役は、『肉体の悪魔』の名女優、ミシュリーヌ・プレール。フランツと男爵夫人の別れのシーンは、成熟した女性の言動が印象的で、見ごたえがあります。ほかには、『いとこ同志』のジャン＝クロード・ブリアリ、『乙女の館』のソフィ・グリマルディなどが共演しています。原作はアルトゥール・シュニッツラーの戯曲『恋愛三昧』、監督は『巴里野郎』のフランスの俊才、ピエール・ガスパール＝ユイ。なお、この作品は一九三三年に一度、ロミーの母、マグダ・シュナイダーがクリスチーヌ役で製作されており、思えば不思議な因縁です。

物語では、男爵夫人との仲がばれてしまったフランツは、夫である男爵に不公平な決闘を申し込まれ、命を落とします。それを知ったクリスチーヌもバルコニーから飛び降り自殺し、あとを追います。二人のシーンで、クリスチーヌが「シェイクスピアの『ロミオとジュリエット』は退屈な物語……」とふれていましたが、この『ロミオ……』の物語と同じような結末になるとは、何とも皮肉な悲劇と言えるでしょう。

「あるものを得る代わりに、あるものを失わなければならない」。フランツもクリスチーヌも、命を失う代わりに、あの世で結ばれることになると思いたいものです。これは、『ロミオとジュリエット』と同じです。

アラン・ドロンとロミー・シュナイダー、二人の組み合わせを気に入っていた人物がいます。『ヴェニスに死す』の監督、ルキノ・ヴィスコンティです。彼にとってこの二人はお気に入りで、それぞれアラン・ドロンは『若者のすべて』『山猫』、ロミー・シュナイダーは『ボッカチオ'70』で彼らを主演で作品にしています。

真偽の程は定かではないのですが、当時、アラン・ドロンはマフィアとの関わりが報じられ、そういう〝反社〟を嫌ったヴィスコンティは彼を干してしまうのでした。それから彼の作品ではアラン・ドロンを使わなくなります。後年、ドイツ三部作の『ルートヴィヒ』を完成させますが、この狂王の役も、当初はアラン・ドロンを予定していたと言われています。代わりにヘルムート・バーガーが出演し、相手役はロミー・シュナイダーでした。

もし少しでも興味をお持ちになったらチェックしてご覧くださいね。

すっかり冬の陽気となった今日この頃、『恋ひとすじに』に思いを馳せて〝ロミオとジュリエット〟について考えを巡らせてみましょう……。


（2023／11）

77 『危険がいっぱい』

一九六四年、フランス。ルネ・クレマン監督。主演はアラン・ドロン、ジェーン・フォンダ。

物語は……若くハンサムな賭博師マークは、ギャングの情婦に手を出したため、組織から命を狙われ、追われる身となります。辛くも逃げ延びた彼は、富豪の若いアメリカ未亡人バーバラに匿《かくま》われ、お抱え運転手として雇われます。バーバラは従妹のメリンダと豪邸に暮らしていますが、過去に夫を殺害され、犯人もいまだ行方不明という事件に巻き込まれていました。

メリンダはハンサムで魅力的なマークに恋をし、自分に振り向かせようと誘惑を続けます。最初は身を隠しながら、気ままに過ごそうとしたマークでしたが、やがてバーバラと豪邸にある秘密に気づいてゆくのです……。

『太陽がいっぱい』『生きる歓び』に続く、フランス映画の第一人者ルネ・クレマン監督と、アラン・ドロン主演のコンビ作です。『地下室のメロディー』『黒いチューリップ』と人気絶頂のアラン・ドロンと、ハリウッドのホープ、ジェーン・フォンダとの初顔合わせとあり、撮影前から話題を呼びました。若々しいドロンの魅力はもちろんのこと、ラロ・シフリンの軽妙なジャズが全編を彩って、クレマンの演出も軽妙洒脱に展開する、スリルとサスペンスいっぱいのドラマです。

ジェーン・フォンダが、可愛くセクシーにドロンに言い寄る、コケティッシュな妖しい魅力で存在感を見せています。物語では、バーバラが夫を殺した愛人を豪邸の隠し部屋に匿っているのを知ったマークは、バーバラを誘惑して愛人との仲を裂こうとしますが、それを知っていたメリンダはマークとバーバラに嫉妬して、ある〝策〟を講じます。

「あるものを得る代わりに、あるものを失わなければならない」。マークはメリンダの〝策〟によってバーバラの愛を失いますが、代わりにメリンダに〝指名手配犯〟として豪邸に匿われることになります。でも彼女を愛しているかは疑問。メリンダの方も従姉のバーバラとその愛人を失い、代わりにマークを独占するのですが、マークが彼女を愛しているか疑問なのです。こういう場合、「得るものがない」という形で終えるので、この作品はアンハッピーエンド、と言えましょう。

ですが、不思議にこの物語が決して〝後味が悪い〟と思わないのは、ジェーン・フォンダ演じるメリンダの〝策〟を講じた行動力の手際の良さが、見ている私たちに痛快というか爽快ささえ感じさせるからでしょう。作品の後半からラストにかけて流れるような展開で、まんまとバーバラとその愛人の座をメリンダとマークにすり替えてしまうところは、ルネ・クレマン監督の演出の見事な真骨頂と言えましょう。

やっぱりそれらを涼しい顔で演じるジェーン・フォンダって、この頃から〝演技派〟だったんだなあと思わせます。ハリウッドでセクシー女優として売り出した彼女、父はあの西部劇などで有名な俳優ヘンリー・フォンダ。その偉大な父親への反発もあったのと、二世スターにありがちな〝親の七光り〟を嫌って渡仏。『危険がいっぱい』は、こうしてパリジェンヌにも引けを取らない、「フランス時代のジェーン・フォンダ」が確立された、まさにその時の作品なのです。

そしてロジェ・ヴァディム監督と出会い結婚。彼の四人目の妻となりますが、数年後、離婚してアメリカに戻ります。次に出会った夫はなんと反戦運動家、これもどちらかと言えば保守的で好戦的な〝父〟への反発もあったかもしれません。父親との確執はしばらく続きますが、晩年『黄昏』で親子共演し、徐々に和解してゆくことになったようです。

その前にハリウッドに戻ってから『コールガール』と『帰郷』でアカデミー主演女優賞を二度受賞し、文字どおり〝演技派女優〟として広く認知されるようになります。

私の子供の頃、彼女は「エアロビクスのワークアウト」のレッスンビデオを売り出していた記憶があります。昔から健康志向の女優さんだったみたいですね。当時エアロビクスは、今で言うピラティスやヨガのような女性の美容文化に広く浸透していたように思われます。現在もそうかもしれませんが、〝行動派〟なのです。

もし少しでも興味をお持ちになったらチェックしてご覧くださいね。

秋晴れが続く好天に恵まれている今日この頃、『危険がいっぱい』に思いを馳せて、〝親の七光り〟と〝健康志向〟について考えてみましょう……。


（2023／11）

78 『ひきしお』

一九七一年、フランス・イタリア。マルコ・フェレーリ監督。主演はカトリーヌ・ドヌーヴ、マルチェロ・マストロヤンニ。

物語は……エーゲ海の孤島に突然一人でやってきた美貌の女リザ。彼女はそこで孤独に暮らす中年男ジョルジョと出会い、いつしか共に暮らし始めるのですが、その関係は女が男に犬のように従うという異様なものでした……。

当時恋愛関係にあったマストロヤンニとの共演・大胆なヌードが話題を呼んだドヌーヴ最大のヒット作です。

まずこの作品で気になったのは、中年男ジョルジョが可愛がっていた愛犬メランポにリザが嫉妬し、沖合まで泳がせて溺死させて、その首輪をリザが首にはめるという展開……これを動物愛護団体の方が見たら、どう思うかな？　ということです。軽い動物虐待ではないでしょうか。それに犬が必ずしも人間に忠実であるとは限らないとも思います。そうなると人間が犬に嫉妬するのは、人間の思い上がりではないでしょうか。リザはジョルジョに愛されたかったのはわかりますが、ほかに方法があったのでは？　とも思えます。「あるものを得る代わりに、あるものを失わなければならない」。リザは旅先で痴話げんかした彼？　の愛を失いますが、ジョルジョと孤島で出会い、彼の愛を得るのです。犬のように扱われますが……。

ジョルジョはパリに置き去りにしてきた妻子の愛を失いますが、代わりにリザと孤島で暮らし、彼女の愛を得ます。リザもジョルジョもお互いの愛を得ることになるので、〝ハッピーエンド〟のように映りますが……ラストシーンで、もはや食料も尽き果てて、ピンク色に塗った戦闘機に二人とも乗って滑走路を進むところで物語は終えますが、希望のある旅立ちでなく、絶望の果ての〝心中〟のようにも受け取れます。

この作品より厳密に言うとあとに公開された作品ですが、私は『愛の嵐』（一九七四）のラストシーンを思い出しました。これはダーク・ボガード演じる元ナチス親衛隊将校と、シャーロット・ランプリング演じるユダヤの少女、という組み合わせ。戦後、二人はホテルで再会し愛し合うようになりますが、ナチスの仲間から〝裏切り者〟とされて、追い詰められ、二人がこもる屋敷の電気やガスも止められ、もはや孤立した二人は食料も尽き果てて、男は〝ナチス親衛隊〟の制服を引っ張り出して着て、女の方は少女時代のワンピースを着て〝死装束〟をまとって、屋敷を二人出ていくのです。やがて二発の銃声が轟《とどろ》き、二人は命を失います（もし少しでも興味をお持ちになったらチェックしてご覧くださいね）。

リザもジョルジョも『愛の嵐』の二人も、愛し合うままに旅立ってゆくので、命は失われても、二人の愛は昇華され、あの世では深い絆とともに結ばれる、と思いたいものです。

それにしても、リザ演じるカトリーヌ・ドヌーヴは、私生活ではジョルジョ演じるマルチェロ・マストロヤンニの子供を産みますが、その前にロジェ・ヴァディム監督の子供も産んでいます。そうなると、〝未婚の母〟であり、二児の母であり、それぞれお父さんが違うという、普通に考えたらとても真似できないポジションにあります。そこがドヌーヴさんのすごいところであり、まさに彼女の生きざまを如実に示しているかのようです。

もし少しでも興味をお持ちになったらチェックしてご覧くださいね。

少し寒いですが、穏やかな天気が続く年末。『ひきしお』に思いを馳せて、〝愛の昇華〟と〝未婚の母〟について考えてみましょう……。


（2023／12）

79 『冒険者たち』

一九六七年、フランス。ロベール・アンリコ監督。主演はアラン・ドロン、リノ・ヴァンチュラ、ジョアンナ・シムカス。

物語は……パリ郊外の飛行クラブで教官を務めるマヌー、レーシングカーの画期的なエンジンの開発にいそしむローラン、そして前衛彫刻家の卵レティシア。微妙なバランスの友情で結ばれた三人は、コンゴ動乱の際に海底深く沈んだ五億フランの財宝を引き揚げるため、アフリカの海へ旅立ちました。しかし、その財宝をつけ狙う一味が現れてしまうのですが……。

『穴』『ル・ジタン』のジョゼ・ジョヴァンニの原作を、『オー!』『追想』のロベール・アンリコが監督。切ないほどに美しいジャン・ボフェティの撮影と、フランソワ・ド・ルーベの音楽で綴った、もはや説明不要の青春レクイエムの傑作です。

レティシアが財宝を狙うギャングに撃たれ、早々と命を落とす展開は少し意外でしたが、その後、彼女が生前それとなく話していた例の〝要塞島〟が実際に再現されるとは思っていませんでした。ローランは財宝を得た金でこれを引き取るのですが、マヌーと一緒にいるところをギャングに襲われマヌーも命を落としますが、ラストシーンの俯瞰からマヌーとローランをズームアウトして島の遠景を映し出すところは印象的です。要塞島は実際あるものか、それともセットなのかわかりませんが、全体像を映し出すと壮観で、まるで〝モン・サン゠ミシェル〟のようです。

そうなると、この作品は特に後半は、アラン・ドロン演じるマヌーと、リノ・ヴァンチュラ演じるローランの二人の友情を描いているように感じられます。この二人の組み合わせは、のちの『シシリアン』での大金を狙う犯罪者と、それを追い詰める鬼刑事というキャラクターをつい私なんか連想してしまいますが、二人は若い頃から共演歴があり、お互い宿敵でありライバルであり親友であり、(映画製作上)良き仕事仲間でもあるのです。「あるものを得る代わりに、あるものを失わなければならない」。マヌーはレティシアの愛と命を失いますが、財宝を得ました。しかし、そのことを飛行クラブで、ぽろっと他人に漏らしてしまい、そのためギャングに再び狙われ命を失います。ローランもレティシアの愛と命を失いますが、彼女が生前ふれていた要塞島を財宝で得た金で買い取ります。でも、親友であるマヌーの命をそこで失ってしまいます。レティシアはギャングに撃たれて命を失いますが、財宝で得られた遺産はマヌーとローランによって彼女の遺族に引き継がれ、財産を残すことになったので、彼女の死も無駄ではなかったかもしれません。

それにしてもジョアンナ・シムカス演じるレティシアは、マヌーとローランと三角関係？　ではないのですが、二人に微妙なバランスを保って関わる〝一歩進んだ女性〟なのかもしれません。ジョアンナ・シムカスは私生活でも〝一歩進んだ女性〟でして、彼女の夫はハリウッドの黒人有名俳優シドニー・ポワチエだったのです。今でこそ黒人と白人のカップルや、ハーフはさほど珍しいことではなくなりましたが、約五十年前に人種を超えた恋愛・結婚は当時かなり話題になったことでしょう。

そのシドニー・ポワチエは、『いつも心に太陽を』では落ちこぼれの白人の子供たちの前で教鞭《きょうべん》を執る教師を演じましたが、生徒の一人が黒人の人種差別的発言をするのに、それを「ああ、そうかもしれないねえ」とばつが悪そうに容認するシーンは、この作品の見どころの一つであり、考えさせられるシーンでもあります。

もし少しでも興味をお持ちになったら、どちらもチェックしてご覧くださいね。

寒さが本格的になってしんしんと冷える今日この頃、『冒険者たち』に思いを馳せて〝良き仕事仲間〟と〝黒人と白人の恋愛〟について考えてみましょう……。

（2023／12）

◆追記

二〇二四年八月十八日、アラン・ドロンさんが亡くなりました。ご冥福をお祈りいたします。

ここまで、数多くのアラン・ドロン主演の映画を紹介してきました。本当に長い間、お疲れ様でした。私は引き続きドロンさんを応援します。どうか雲の上で見守っていてくださいね。

80 『料理長殿、ご用心』

一九七八年、アメリカ・フランス・イタリア・西ドイツ。テッド・コッチェフ監督。主演はジャクリーン・ビセット、ジョージ・シーガル。

物語は……美食家として絶大な権威を持つ実業家マックスが選び抜いた世界最高のシェ

フ、トップ4。その一流のシェフらが、ヨーロッパ各地で殺害され始めました。女王陛下の晩餐会で「ハトの包み焼き」の腕を振るったシェフのルイが、オーブンで焼き殺され、「ロブスター・カルチオフィ風」のゾッピは、彼のレストランの水槽で発見されます。「プレスト・ダック」のムリノーも頭を砕かれ殺されました。そして〝トップ4〟の四人目はパティシエのナターシャです。次は私の番、と怯《おび》える彼女は、料理ショーへの出演が迫っていました。犯人は誰？　果たしてナターシャの運命は……？

世界の一流シェフたちが、得意とする調理法で次々と殺害されていく……ブラック・ユーモアを絡ませた、異色のサスペンスコメディ。監督はのちに『ランボー』や『地獄の7人』などを手掛けるテッド・コッチェフ。脚本は『シャレード』で知られるピーター・ストーン。続々と登場する超一流料理は、フレンチ料理界の巨匠ポール・ボキューズがコンサルタントを務めました。

そして料理以上に目を奪われるのが、全盛期のジャクリーン・ビセットの美貌。ジョージ・シーガル、ロバート・モーリー、フィリップ・ノワレら、欧米の名優たちが顔を揃え、ゴージャスに彩ります。ロバート・モーリーはこの作品で全米映画批評家協会賞、LA映画批評家協会賞助演男優賞を受賞しました。

ナターシャの得意とする料理は、フレンチのデザートである〝爆弾ケーキ〟。これをテレビ局で料理ショーとして披露しようとしますが、その直前に元夫であるロビーがそのケーキに爆弾が仕掛けられていることに感づき、テレビ局を訪れナターシャを助けるのでした。投げ出されたケーキは、案の定爆発し、ナターシャもロビーも間一髪命拾いします。「あるものを得る代わりに、あるものを失わなければならない」。ナターシャは実業家であるマックスのサポートを失いますが、実際の真犯人はマックスの健康を心配した秘書だったというオチで、その辺をはっきりさせないところが物語を面白くさせています。それでナターシャは元夫であるロビーと再婚し、彼の愛を得るのです。ロビーの方も愛するナターシャを守るために、ヨーロッパで手掛けていたファストフードの事業をおざなりにしますが、ナターシャと再婚し、その愛を得るのです。

というわけで、今回は〝失うものがない〟という形で終えるので、ハッピーエンド。なかなか後味の良い作品に巡り合えました。それにしても、この作品のジャクリーン・ビセットは、『ブリット』のときもそうでしたが、手に職を持つ〝キャリアウーマン〟。彼女はどちらかと言えば、〝なんでもかんでも仕事を受けない〟タイプの女優さんだったみたいです。

俳優さんは、短期間で大ブレイクし、集中的に稼ぐパターンと、役柄を選びイメージを大切にし、細く長く愛される仕事をするタイプに大別できるでしょう。ジャクリーン・ビセットは明らかに後者のタイプと言えましょう。一九七〇年代最高の美貌を持つ女優と言われた彼女、何よりも〝イメージ〟を大切にしていきたかったのかもしれません。

もし少しでも興味をお持ちになったらチェックしてご覧くださいね。

寒さが本格的になってきた今日この頃、『料理長殿、ご用心』に思いを馳せて、〃なんでもかんでも仕事を受けない〃タイプについて考えてみましょう。


（2023／12）

81 『裸足で散歩』

一九六七年、アメリカ。ジーン・サックス監督。主演はロバート・レッドフォード、ジェーン・フォンダ。

物語は……ロバート・レッドフォード演じるポールは、真面目を絵に描いたような男です。そしてジェーン・フォンダ演じるコリーは、楽しいことが大好きな、新妻です。夢のようなハネムーンが終わり、エレベーターのない六階で生活していくにつれ、順調に見えた結婚生活も少しずつ歯車が狂ってきます。そんな中、新妻の母は、シャルル・ボワイエ演じる屋根裏部屋に住む女好きの住人と口げんかしながら、いい仲になろうとするのですが……そして新婚の若夫婦は、すねながらキスして可愛く仲直りしていくのでした……。

ブロードウェイを代表する劇作家ニール・サイモンのヒット戯曲を、サイモン自身が脚色し映画化しました。生真面目な若い弁護士の夫と、魅力的な新妻との新婚生活を描いたラブ・コメディーです。この二人が見事に新婚夫婦のアタフタぶりを好演しています。〝屋根裏部屋〟に住むベラスコ氏とコリーの母が、結局仲良くなるのとは裏腹に、新婚のポールとコリーは険悪な関係となり、離婚の話が切り出され、ポールはトランク一つで家を出て行ってしまうのでした。悩む娘のもとにコリーの母は寄り添い、「ママの出番ね……」と耳打ちし、〝夫婦円満の秘訣《ひけつ》〟を指南するのですが、このシーンはこの作品の中でも見ごたえのあるものになっています。

思い直したコリーは、街へ出かけポールを探すのですが、公園で酔っ払った彼を見つけます。やけっぱちになって公園で〝裸足で散歩〟するポールを見て、コリーは「やっぱり生真面目な彼がいい！」と思い直すのでした。

「あるものを得る代わりに、あるものを失わなければならない」。この作品の場合、失うものがないし、ポールとコリーも屋根の上で抱き合い、お互い愛を取り戻すので、ハッピーエンドと言えましょう。さらにコリーの母もベラスコ氏と仲良くなるので、さらにダブルでハッピーエンドと言えます。めでたしめでたしです。

それにしても、ポール演じるロバート・レッドフォードは生真面目で不器用なキャラクターをやらせたら、右に出る者がいないんじゃないでしょうか。『遠すぎた橋』でも英国空《くう》挺《てい》部隊を救援に行く米国機甲師団の若き指揮官を演じた彼は、足止めを食らって大いに嘆く人物でした。そういう意味では、この『裸足で散歩』は、〝レッドフォードらしいレッドフォード〟を堪能できる作品になっています。

もし少しでも興味をお持ちになったらチェックしてご覧くださいね。

寒さが身に染みる今日この頃、『裸足で散歩』に思いを馳せて、気持ちは温かくいたいものです。

（2024／1）

82 『続・ある愛の詩《うた》』

一九七八年、アメリカ。ジョン・コーティ監督。主演はライアン・オニール、キャンディス・バーゲン。

物語は……最愛の妻ジェニーを白血病で失ったオリバーは、悲しみを忘れるために、仕事にすべてを打ち込む日々を送っていました。心理カウンセラーの勧めで、スポーツをしようと久しぶりにセントラル・パークを訪れたオリバーは、ジョギングを楽しむマーシーという女性と知り合います。

裕福な家庭に育ったことや、過去に愛する者との別れを経験しているなど、似たような境遇にある二人は次第に惹かれ合います。しかし二人の間には、亡き妻ジェニーの思い出が時折、影を落とし、互いを受け入れることに憶病になっていたのです……。

不朽の名作『ある愛の詩』のその後を、繊細に綴る続編です。前作から一年半後のオリバーの姿を描いた、エリック・シーガル原作による続編です。主演に前作同様ライアン・オニールを迎え、ジョン・コーティ監督、キャンディス・バーゲン共演で贈るロマンティック・ラブストーリーです。

オリバーが出会った〝新しい恋人〟マーシーはデパートの重役の娘であり、繊維工場を香港に持つ、いわゆる〝上流階級〟の娘であり、キャリアウーマン。オリバーは自分と同じような境遇に育ってきた女性であるのに気づきますが、それでなおさら彼女と亡き妻ジェニーを比べて見てしまうのでした。ジェニーは貧しかったが優秀なパン職人の娘でした。

「あるものを得る代わりに、あるものを失わなければならない」。オリバーは結局ジェニーのことを引きずるので、マーシーは嫌気がさし、別れてしまい彼女の愛を失いますが、失意の中、父の紡績工場を訪れると、父が従業員たちに感謝されているのを見て、父の仕事ぶりや偉大さを見直し、認めるようになります。ここで初めて、この親子は和解するのでした。したがって家族の愛を得るのです。

マーシーは離婚したあとに知り合ったオリバーと別れ、彼の愛を失いますが、別れたことでオリバーの亡き妻ジェニーと比較される〝縛り〟から解放されるので、真の意味で自由になれたといえましょう。それに物語のラストでオリバーがジェニーのためにも生きる決意をするので、この先またオリバーとよりを戻せる？　かもしれない、という含みを持たせて映画は終わるのです。

したがって、二人とも別れはしましたが、〝希望〟の残る展開と言えるので、この作品はある意味、ハッピーエンドかもしれません。

それにしても、この作品では香港にロケしたみたいですが、マーシー演じるキャンディス・バーゲンは前作のヒロイン、ジェニー役のアリ・マッグローよりも、〝大人の女性〟という感じでキャリアウーマンを演じていますが、彼女が中国といえば、映画『砲艦サンパブロ』（一九六六）を思い出せずにはいられません。この時はスティーブ・マックイーン共演で、彼女は中国に赴任してきた宣教師の役でした。あの頃からキャリアウーマンだったのですね。

そのスティーブ・マックイーンは、私生活ではアリ・マッグローの三度目に結婚した相手ですから、二人は『ゲッタウェイ』で夫婦共演していますが、世間は広いようで狭いのかもしれません……。

もし少しでも興味をお持ちになったらチェックしてご覧くださいね。

風の冷たい新春の午後の昼下がり……『続・ある愛の詩』に思いを馳せて、〝妻に先立たれた夫〟と、〝キャリアウーマン〟について考えてみましょう……。


（2024／1）

83 『うず潮』

一九七五年、フランス。ジャン＝ポール・ラプノー監督。主演はカトリーヌ・ドヌーヴ、イブ・モンタン。

物語は……孤独を愛する男の部屋に、一人の女性が飛び込んできました。彼女は結婚式の寸前、相手に嫌気がさして逃げてきたのだといいます。学者のような堅物の男は、次第に彼女の奔放な性格に惹かれ、孤島での生活を始めます……。

フランスを代表する名優イブ・モンタンとカトリーヌ・ドヌーヴとの初共演が実現、豪華スタッフ＆キャストによる洒脱なラブロマンスです。

さすらいの女ネリーと現代のロビンソン・クルーソー、マルタンの愛の物語です。孤島で暮らしていた二人の前に、屈強な男たちを従えたネリーの婚約者ヴィットリオが現れ、マルタンを半殺しにして、屋敷を焼き払い、ネリーを連れて島を離れます。その後、ネリーとヴィットリオは結婚しますが、結局すぐ別れます。マルタンの方は香水会社の経営権を牛耳っている妻に島ごと買い取られ、元のさやに収まりそうになりますが、マルタンはこれを拒否して刑務所へ……それから数か月後に釈放された彼は、ネリーを求めてベネズエラへ……二人が最初に出会ったホテルのフロントへ行くと、ネリーから手紙が……そしてフランスの片田舎へ訪れた彼は、とうとうネリーと再会するのでした。

「あるものを得る代わりに、あるものを失わなければならない」。ネリーは婚約者ヴィットリオと結婚しますが、すぐ別れて彼の愛も失います。ですが代わりにマルタンと再会し彼の愛を得るのです。マルタンの方も妻に助けられるものの、香水会社に戻るつもりはなかったので、妻の愛を失いますが、代わりにネリーと再会し彼女の愛を得ます。ネリーもマルタンもそれぞれつれあいの愛を失うものの、お互いがお互いの愛を得るので、これはハッピーエンド、と言えましょう。新年早々、後味の良い作品に巡り合えてよかったです。

それにしてもマルタン演じるイブ・モンタンは、どちらかと言えば〝役者で〟というより〝歌手として〟の方が魅力があるように映ります。私の母はシャンソンが好きで、若い頃イブ・モンタンが来日した時に来日公演を見に行けなかったらしくて、後年私に嘆いていました。イブ・モンタンが好きな母は、「枯れ葉」という曲がお気に入りだったらしく、「せってぃんしゃんそ～ん♪」という感じでさびの部分を歌うので私も覚えてしまい、母と一緒によくこの歌を口ずさんだものです。ずっとあとになって実際のイブ・モンタンの歌う曲を聴いて、確かに美声だなあ、と思ったものです。とにかく「枯れ葉」は私にとって母との思い出の詰まった曲なのです。もしご存じなければチェックして聴いてみてくださいね。ダリダをはじめ、イブ・モンタン以外の人もカバーして歌っています。『うず潮』、もし少しでも興味をお持ちになったらチェックしてご覧くださいね。

穏やかな天気が続く新年ですが、日本海の方では大地震がありました。被災された方々に心よりお見舞い申し上げます。

そんな折ですが、よかったら『うず潮』に思いを馳せて〝シャンソン〟と〝母との思い出〟について考えてみてください……。

（2024／1）

84

『ムッシュとマドモアゼル』

一九七七年、フランス。クロード・ジディ監督。主演はジャン＝ポール・ベルモンド、ラクエル・ウェルチ。

物語は……スタントマンのマイクとジェーンは、数多くの映画で危険なシーンを演じ、実生活でも恋人同士でした。ですが、結婚式の当日も仕事を優先させ、大怪我をしたことでジェーンの怒りが爆発、婚約を解消して仕事も辞めてしまいます。ある日、マイクに国際的スター、ブルーノ・フェラーリのスタントを演じる仕事が舞い込み、ヒロインの代役としてジェーンも職場に復帰します。

マイクはこの機に、ジェーンとよりを戻そうとしますが、次から次へと危険な撮影とトラブルが続き、さらにジェーンは大金持ちの伯爵からプロポーズされ、心が揺らいでいました。果たしてマイクとジェーンはハッピーエンドを迎えることができるのでしょうか……？

ベルモンドが『クレイジー・ボーイ』シリーズや、『ザ・カンニング』シリーズなどのヒットメーカー、クロード・ジディ監督と組んで、スタントマンとスーパースターの二役を演じ、階段落ちやトラとの格闘、さらに空中でヘリからセスナに飛び移り、機上に立つなど、数々の見せ場を披露する華麗なるアクション・コメディ超大作です。ベルモンド自身、この映画は長い映画人生の中で最も印象的で、危険な撮影だったと振り返っています。

ヒロインには、ワイルドでセクシーな魅力で一世を風靡《ふうび》し、アクションヒロインの先駆者として『ミクロの決死圏』、『空から赤いバラ』など主演作も多いラクエル・ウェルチです。

セスナのスタントを成功させたあと、マイクは空中からジェーンを口説こうとするので、怒ったジェーンは愛想を尽かして、地上で待ち受けていた伯爵のプロポーズを受けるのでした。伯爵のお城で挙式が行われるのですが、そこでマイクはゴリラの扮装をして、周囲を取り囲む野生動物たちを従えて式場になだれ込み、めちゃくちゃにして、最後にジェーンを〝さらって〟いくのでした。

「あるものを得る代わりに、あるものを失わなければならない」。スーパースターですが憶病なマイクと〝そっくり〟なブルーノは、マイクに気があるようでしたが、当然ですがマイクの愛は得られません。ジェーンにプロポーズした伯爵も、挙式目前でジェーンの愛を失います。

マイクとジェーンは最後の最後に、お互いがお互いの愛を得るので、〝ハッピーエンド〟と言えましょう。ですが、〝似た者同士〟なので、これからもけんかと別れを繰り返しながら〝夫婦〟になってゆくのかもしれません。

とにかく、こんな格好悪いベルモンドは初めて見た感じで、主演の二人は〝体を張って〟面白い演技を見せてくれるので、お笑い満載で、見終えたあと腹筋が痛くなりました(笑)。

ラクエル・ウェルチは十八歳で結婚、一女をもうけて二十一歳で離婚。モデルを経て二十四歳で映画デビュー。女性としてはすでに〝終わっている〟と思われますが、実際は〝終わっていなかった〟。

『恐竜100万年』(一九六六)の、一言もセリフを発しない原始人の役で大ブレイクしました。その後も『カンサス・シティの爆弾娘』(一九七二)では、当時はやっていた〝ローラーゲーム(ローラースケート)〟のスケーターとして文字どおり〝体を張った〟大役に主演して、〝アクションヒロイン〟のキャラクターのイメージを決定づけました。八〇年代に入ってからはブロードウェイにも進出します。

もし少しでも興味をお持ちになったらチェックしてご覧くださいね。

雪のちらつく寒い午後ですが、『ムッシュとマドモアゼル』に思いを馳せて、〝スタントマン〟と〝アクションヒロイン〟について考えてみましょう……。

(2024/2)

85 『ボレロ　愛欲の日々』

一九八四年、アメリカ。ジョン・デレク監督。主演はボー・デレク、ジョージ・ケネディ。

物語は……娘たちがスクリーンの〝スーパースター〟に心ときめかせた一九二〇年代。厳格な寄宿学校を卒業したアイルとマックは、情熱的で官能的な初体験を求めて冒険の旅に出ます。旅の始まりは官能のモロッコ。マックはハンサムなシークに出会います。砂漠のテントで待望のベッド・イン！　ですが、いざというときに彼は眠りこけてしまいました……。呆《あき》れた彼女たちは、今度は情熱の国スペインへと飛びますが……。

『テン』で見事な美しい裸体を披露したボー・デレク製作・主演、夫であるジョン・デレクが監督。性に溺れる娘たちの、愛欲を求め続ける姿を描いた官能ドラマです。

スペインで闘牛士の彼と出会ったマックは彼と初体験を成功させます。しかし、急きょ闘牛との争いで不慮の事故に遭い、大怪我して自身の〝性的不能〟になりそうになりますが、愛するマックは彼を見捨てず献身的な愛で彼を立ち直らせるのでした。アイルもマックの弁護士ロバートと恋仲になり、闘牛士の彼の財産を一部得られるようになります。

「あるものを得る代わりに、あるものを失わなければならない」。アイルもマックもそれぞれ〝処女〟を失いますが、お互いがお互いの相手と深い愛で結ばれるので、ハッピーエンドと言えましょう。

それにしても作品のラスト二十分ぐらいはほぼセックスシーンで、この物語は映画というより〝アダルトコンテンツ〟の部類に入ると言ってよいでしょう。この官能ドラマを監督したジョン・デレク監督は、『エマニエル夫人』の〝旦那様〟みたいで、「自分の妻の裸を一人で見るのはもったいない。みんなと共有したい」のような、というか例えば宿泊する友人に自分の奥さんを提供する……ノリに近いというか、妻の〝貞操観念〟どうなってるんだろ？　と思ってしまいますね。

ですが、一方でデレク夫妻の場合、妻も夫もお互い二人三脚でいいものを作り上げていこうという姿勢が強く感じられます。官能ドラマなら、演者もスタッフもお互いよほどの信頼関係がないと成立しないでしょう。その意味では、デレク夫妻はお互い〝絆〟のようなものがあり、深い愛で結ばれており、その部分は羞恥心や嫉妬心を超えて、私には〝羨ましい〟とさえ感じられます。

もし少しでも興味をお持ちになったらチェックしてご覧くださいね。

春の気配も少し感じられるようになった今日この頃、『ボレロ　愛欲の日々』に思いを馳せて、〝貞操観念〟と〝官能ドラマ〟について考えてみましょう……。

86 『マイ・フェア・レディ』

一九六四年、アメリカ。ジョージ・キューカー監督。主演はオードリー・ヘプバーン、レックス・ハリソン。

物語は……ロンドンの街で花売りをしている生意気な娘イライザは、仕事と趣味が音声学だという、態度が傲慢なヒギンズ教授のレッスンを受けることになります。礼儀作法から話し方まで徹底的に教育されたイライザは、ロンドン上流階級の舞踏会でハンガリー王女だと言われるまで変身を遂げます。ですが、イライザが変わった時、今度はヒギンズ教授自らが学ばなければならないことがあったのでした。

一九六四年度アカデミー賞で最優秀作品賞を含む八部門を勝ち取った、華やかで素晴らしいミュージカル作品です。この作品でオードリー・ヘプバーンはかつてないほどの〝ステキ〟を見せてくれます。ブロードウェイで大ヒットしたミュージカル『マイ・フェア・レディ』。映画化にあたっては、オードリー・ヘプバーンがイライザ役に抜擢されました。彼女の演技、スタイル、愛すべき精神によって支えられた、時代を超えた永遠のクラシッ

（2024／3）

ク作品です。

イライザが自分の前から別れを告げて去った時、ヒギンズ教授は自分の研究の〝実験台〟としてしか見なしていなかった彼女が、自分にとって〝かけがえのない存在〟に取って代わったのに気づくのでした。イライザがいなくなったのを大いに悔やむヒギンズ教授。家に戻り、部屋に入ると、また再びイライザが現れるのでした。

「あるものを得る代わりに、あるものを失わなければならない」。この作品ではイライザもヒギンズ教授も〝失うもの〟がなく、お互いがお互いの愛を得るのでハッピーエンドと言えましょう。それにミュージカルなので、登場人物に〝感情移入〟しやすいというか、〝脇役〟陣も光る演技が多く、飽きさせない演出が感じられ、これが作品の質を高めている、と言ってよいでしょう。さすがアカデミー賞作品です。

それにしてもヒギンズ教授演じるレックス・ハリソンはイギリスの舞台俳優で有名だそうですが、若い頃から映画に数多く出演しており、戦前はあの〝ヴィヴィアン・リー〟のイギリス時代の出演作品で彼女と共演しています（『茶碗の中の嵐』『セント・マーティンの小径』など）。そういう意味では、ごくまれな〝息の長い〟俳優さんと言えましょう。もし少しでも興味をお持ちになったらチェックしてご覧くださいね。

本格的な春の陽気が感じられる今日この頃、『マイ・フェア・レディ』に思いを馳せて、〝感情移入しやすいミュージカル〟と〝息の長い俳優さん〟について考えてみましょう。

87 『プリティ・ウーマン』

（2024／4）

一九九〇年、アメリカ。ゲーリー・マーシャル監督。主演はリチャード・ギア、ジュリア・ロバーツ。

物語は……実業家のエドワードは、ふとしたきっかけでヴィヴィアンという娼婦に出会います。〝ウォール街の狼〟として知られる仕事一筋のエドワードにとって、無邪気なヴィヴィアンとの出会いは新鮮でした。彼女にとっても、彼の住む世界は見たことのない眩しいものでした。二人は一週間だけのパートナーとして契約を結び、一緒に暮らし始めるのですが……。

アカデミー賞女優ジュリア・ロバーツと、リチャード・ギア主演で、世界中で大ヒットしたロマンチック・コメディの決定版です。

〝一週間の契約〟を終え、二人はまたいったん別れ、離れ離れになるのですが、エドワードの方が耐えられなくなり、ヴィヴィアンのもとへ再び訪れるのでした。ヴィヴィアンの方も契約で得た金で、故郷に戻り、人生をやり直すつもりでした。彼女のアパートの階上に、高所恐怖症にもかかわらず、へりを渡って会いに来るエドワード。〝王子様〟のようにヴィヴィアンに近づきプロポーズするのでした。

「あるものを得る代わりに、あるものを失わなければならない」。エドワードは仕事の同僚であるスタッキーがヴィヴィアンに抱き着こうとするので、彼を追い払い、その仕事仲間としてのサポートも失います。ヴィヴィアンの方も契約で得た金を同業者である親友のキットに分けて、別れて暮らすようになり、友を失うこととなります。

ですが、その代わりにエドワードもヴィヴィアンもお互いがお互いの愛を得るようになるので、この物語はハッピーエンドと言えましょう。基本的に男女の関係でお金の話が出たら、その時点で〝ご縁〟がなくなるのは、今までも繰り返し申し上げてきましたが、二人の場合、エドワードもヴィヴィアンも契約期間中に、〝お金より大事な愛〟に気づいたから、〝縁結び〟となったわけです。

それにヴィヴィアンは契約で得た金を独り占めせず、親友に分けてあげた、その行為自体、気前がいいからです。男も女も〝気前がいい人は将来幸福をつかむ〟メソッドに則《のっと》っているといえます。この物語は一見すると夢物語のようですが、現実に即して理にかなっていると思います。

それにしてもエドワード演じるリチャード・ギアは、私が高校生の頃、『愛と青春の旅だち』で日本でも人気が出ていたと思います。物語ではハードな軍事訓練を経て、晴れて士官学校を卒業した彼が、町工場の娘の恋人を迎えに行くラストは感動的でした。

私もその後、大学を卒業し、繊維メーカーに就職し、配置転換となって本社から工場に赴任した時、われながら「自分はリチャード・ギアみたいだな」と思ったものです（笑）。しかし、映画のようにはいかないというか、会う女性会う女性、皆さんタイプとはかけ離れた人ばかりで少しがっかりしました。現実は厳しいですね（女性側も同じ思いだったと思いますが……苦笑）。

もし少しでも興味をお持ちになったらチェックしてご覧くださいね。

春の気配整い、桜も満開の今日この頃、『プリティ・ウーマン』に思いを馳せて、〝気前がいい人〟と〝愛と青春の旅だち〟について考えてみましょう。


（2024／4）

88 『知りすぎていた男』

一九五六年、アメリカ。アルフレッド・ヒッチコック監督。主演はジェームズ・スチュアート、ドリス・デイ。

物語は……米国人のベン・マッケナ医師は、妻のジョーと息子ハンクを連れて、フランス領モロッコへ休暇旅行に出かけました。現地でベルナールと名乗るフランス人青年と知り合った一家でしたが、程なく彼は何者かに刺殺され、ハンクは誘拐されてしまいます。

実はベルナールはフランスのスパイで、国際的な暗殺事件を探っていたのです。夫妻は彼が息を引き取る直前に残した〝アンブローズ・チャペル〟という言葉を頼りに息子の行方を追うのですが……。

ヒッチコックが英国時代に発表した『暗殺者の家』を自ら再映画化、新たな魅力を吹き込んだ、巻き込まれ型サスペンスの傑作です。劇中でドリス・デイが歌う〝ケ・セラ・セラ〟も大ヒットしました。


【ヒッチコックおじさんと昼食　1】

ある晴れた午後の昼下がり、カフェテラスでヒッチコックと私、わたなべが昼食をとりながら話しています。

「おじさん、最近僕の姉が財産を分けて別々に住みたい、と言いだしたんです」

「ほほう。君のご両親は？」

「昨年母が……三年前には父が亡くなりました」

「君の姉さんには、自分の財産を得る権利があるのかね？」

「二人姉弟ですから、当然です。きょうだいの問題ですから」

「フーム、きょうだいの問題かもしれんが、家族の問題でもあるね。わしの作品に『知りすぎていた男』というのがある」

「つい最近DVDで見ました」

「この作品は家族の問題に直面した一家の〝愛の物語〟なんじゃよ」

「愛の物語？」

「そうじゃよ。この話はベンが主人公で、彼が多くを知りすぎたために事件に巻き込まれるのだが、彼だけでなく彼の妻や息子も家族一丸となって〝困難〟を乗り越えてゆこうとするテーマなんじゃよ」

「そうですね。ベンの妻であるジョーは、音楽ホールで悲鳴を上げて首相の暗殺を阻んだり、歌を歌ったり、大活躍でしたもんね」

「これは家族の絆を強くする、いわば〝愛〟がテーマなんじゃよ」

「それにこの一家は短時間にあちこち振り回され、最終的には困難を乗り越え、〝ハッピーエンド〟として帳尻を合わす展開は、ヒッチコックおじさんの、まさに〝至芸の極み〟といってよいかと思えます！」

「そんなに褒められても何も出んよ、わたなべ君。先ほど家族の問題だと言ったが、この物語には、もうひとつ家族がいる」

「ああ、わかった。悪に手を染めたドレイトン夫妻ですね」

「そう。でもドレイトンの妻はさほど悪人ではないんじゃよ。マッケナ一家の息子ハンクを人質に匿っているうちに、彼を助けてあげたいと思うようになる」

「そうですね、ハンクの母、つまりジョーが大使館で歌う歌声が聞こえたハンクに、そばにいた夫人は〝口笛を吹かせ〟て、居所を発見してもらう合図を送らせるわけですね。これは夫に対する〝裏切り〟行為かもしれない、と思ったのですが、彼女はなぜそのように振る舞ったのでしょうか？」

「これは、ジョーに対して、女性として妻として、子を思う母として、共感したからじゃろう。なので、彼女はさほど悪人ではないんじゃよ」

「女性として母性本能がくすぐられたのかもしれませんね。そう思うと、おじさんが描く登場人物って、全くの悪人って存在しない気がします。みんな事情があって必要に迫られて〝悪〟に手を染めたというか……そういう物語の描き方、どこか〝人にやさしい〟というか、そういうところが僕は好きです」

「人間の善悪なんて、それが表に出るか裏に出るかの差で、大して変わらないもんじゃよ。弱さ・強さを併せ持ったものが人間であり、それが極端になると、〝犯罪者〟になってしまうものなんじゃよ」

「おっしゃるとおりです」

「それと最初に君が言ったきょうだいの問題だけど、これは……吉と出るか凶と出るかわからんが……もしそのことで少しでも悩むのなら、この物語のドリス・デイの〝ケ・セラ・セラ〟のフレーズを思い浮かべるといいよ」

「先のことは分からないが、その時になればどうにかなる、という意味ですね?」

「そうそう、この世の中はケ・セラ・セラなんじゃよ。ところで君はいつもハムサンドばかり食べてるね。たまにはエスカルゴなんかどうかね?」

「ありがとうございます。結構です。マッケナ一家のように巻き込まれたくないので」

「(笑)」

こうして貴重なお昼時が過ぎていくのでした。

(ここの文章の登場人物・人間関係は、すべてフィクションであることをお断りしておきます)

『知りすぎていた男』、もし少しでも興味をお持ちになったらチェックしてご覧くださいね。

天気のいい午後の昼下がり、『知りすぎていた男』に思いを馳せて、〝家族の物語〟と〝ケ・セラ・セラ〟について考えてみましょう……。

89 『裏窓』

一九五四年、アメリカ。アルフレッド・ヒッチコック監督。主演はジェームズ・スチュアート、グレース・ケリー。

物語は……事故で足を骨折し、ニューヨークの下町のアパートで車いすに乗ったままの退屈な日々を送る、雑誌カメラマンのジェフ。そんな彼のひそかな楽しみは、向かいのアパートの窓を通して、さまざまな人間模様を垣間見ることでした。

ある日のこと、向かいの住人の一人、セールスマンをしている中年男ラーズの口うるさい妻が姿を消しました。夫の動向を観察したジェフは殺人事件だと確信、恋人のリザと共に、何とかその証拠をつかもうと奮闘するのですが……。

望遠レンズによる覗《のぞ》きと卓越した人間描写。身動きの取れない主人公に迫る魔手。絶妙な設定でサスペンスを盛り上げるヒッチコックの名人芸が存分に味わえる傑作です。ヒロインに扮するグレース・ケリーのエレガントな色香も印象的です。

ジェフは旧友であるドイル刑事にラーズのことを相談し、〝殺人事件〟であることを警察

（2024／5）

に知らせますが、ラーズ夫人が旅に出たところまでは調べてもらったものの、確たる証拠がないということで、あとは取り合ってもらえません。仕方なくリザと、身の回りの世話をしてくれる看護師のステラと知恵を絞って解決しようとします。そこで〝ラーズの妻〟が旅に出るのに宝飾品（結婚指輪）などを家に残すはずがないと思い、ラーズの証拠隠しを調べるため、電話と手紙で彼をおびき出します。

彼が部屋を空けた間、何とジェフの手となり足となっていたリザが、ジェフが頼んでいないのに、思い余ってラーズの部屋に窓から不法侵入してしまいます。そしてラーズが部屋に戻り、捕まってしまいますが、警察がそのタイミングで押し入ります。リザは警察へ連行されますが、その直前に〝結婚指輪が見つかったわよ、指を見て！〟と向かいのジェフに合図するのです。それを横で見ていたラーズは、初めて向かいに住むジェフの居所を知ることになります。

ジェフのアパートに侵入して彼に襲いかかるラーズ。カメラのフラッシュをたいて防戦するジェフ。窓から階下へ突き落とされそうになるところで、警察が入り、ラーズの身柄は確保されますが、ジェフの方はそのまま下へ〝ドスン〟。ですが命は助かり、物語は一件落着するのでした……。

このように、この物語はラーズの妻の結婚指輪がまだ部屋に残っていたことが、旅に出たことを覆す〝証拠〟となって、殺人事件であることの決め手になったわけですので、リザの振る舞いはジェフの想像を超えて事件解決に貢献したと言えましょう。

ヒッチコックは『めまい』のときも、主人公のスコティが旧友の人妻マデリンが曾祖母《そうそぼ》の肖像画と同じネックレスを身に着けていたのを覚えていて、新たに知り合ったジュディが同じ宝石を身にまとっていたのに気づき、マデリンが〝ジュディの替え玉〟であることを暴くのでした。ヒッチコックは宝飾品、指輪やネックレスなどから女性の行動心理をひもとくのが得意であり、こういった演出は彼独自のアプローチと言えるでしょう。

「あるものを得る代わりに、あるものを失わなければならない」。ジェフもリザもお互いがお互いの愛を得、なおかつ失うものがないので、この物語はハッピーエンドと言えましょう。ただ、失うものがなかったとはいえ、ジェフは今回の件で、〝片足骨折から両足骨折へ〟、さらに長期療養を余儀なくされます。リザもそれにお付き合いすることになるので、それまでは「一緒に暮らせない」と言われていたものの、ジェフと長くそばにいることになるのです。その辺のユーモアは、ヒッチコックの観ている者への辛口な皮肉のこもったラストであり、〝気遣い〟なのかもしれません。

それにしても、この物語で大活躍のリザ演じるグレース・ケリーは、マリリン・モンローやオードリー・ヘプバーン、エリザベス・テイラーと並び、一九五〇年代を代表する女優さんと言えましょう。『真昼の決闘』（一九五二）の若妻役で注目を集め、『喝采』（一九五四）でアカデミー主演女優賞を受賞、ヒッチコックに気に入られ、『泥棒成金』（一九五五）の主役では、特に魅力的でした。一九五六年にモナコ大公と結婚し、引退。その後、映画界に復帰する噂もありましたが、実現せず、一九八二年に自動車事故で帰らぬ人となります。この不慮の事故が謎を呼び、ヒッチコック女優がまるで彼の作品のように〝サスペンスフルな結末〟を迎えた、と当時話題となりました。

もし少しでも興味をお持ちになったらチェックしてご覧くださいね。

雨の上がった午後の昼下がり、『裏窓』に思いを馳せて、〝女性と宝飾品〟と〝サスペンスフルな結末〟について考えてみましょう。

（2024／5）

90 『めまい』

一九五八年、アメリカ。アルフレッド・ヒッチコック監督。主演はジェームズ・スチュアート、キム・ノヴァク。

物語は……同僚の転落死を目撃して以来、極度の高所恐怖症に悩まされるようになり、警察を辞職したスコティ。旧友の頼みで彼の妻マデリンの監視を引き受けた彼でしたが、自殺した曾祖母に操られるように奇妙な行動を重ねる彼女を、いつしか愛するようになります。ですが、マデリンは教会の鐘楼から衝動的に身を投げて自殺。失意で街をさまようスコティは、マデリンに生き写しの踊り子ジュディと出会うのですが……。

高所恐怖症をテーマに、サスペンスの巨匠アルフレッド・ヒッチコック監督が描いた鮮烈な色使いと、悪夢のようなヴィジュアルで織り上げたニューロティック・スリラーです。二役を演じ分けるキム・ノヴァクの演技、ソール・バスの幻想的なタイトルデザインも秀逸です。

【ヒッチコックおじさんと昼食　2】

ある晴れた午後の昼下がり。私の家のカフェテラスで、私とヒッチコックが昼食をとりながら話し合っています。

「おじさん、最近、僕の彼女が少し様子がおかしいのです」

「どういうことかね？」

「以前と比べて僕のことを束縛するようになったというか、とにかく愛してくれるのはいいんですが、少し息苦しいのです」

「結構なことじゃないか。それだけ彼女は君に熱を上げてる証拠だよ。ものは考えようだよ、そういう彼女を可愛いと思ってあげれば？」

「そうですね。でも折にふれ僕がほかの無関係な女性と関わろうとするたびに、事前にメールしてきて〝私のこと忘れないでね〟と念を押してくるんです。最初のうちは何だあ、と思っていましたが、最近は毎晩メールしてくるようになって……それがちょっと鬱陶しいと思うようになったんです」

「ふーむ……」

「何というか、彼女が僕を大事なのはわかるのですが、そういう態度に出ること自体、彼女のエゴなのでは……？」

「ふふふ、君が映画レヴューを書いて、そこで愛を得たり失ったりと論じているのをわしは知っているけれども、そもそも愛する、愛される、あるいはそれに関連する行動自体、〝エゴである〟ということに気づいているのかね？」

「え？　人を愛することが〝エゴ〟なのですか？　それは気づきませんでした（汗）」

「わしの作品に『めまい』というのがあるけれども。この物語は、死の気配を漂わせた美女を愛そうとした男のエゴと、彼女に魅入られた男に愛されようと思った女のエゴとの、〝エゴとエゴとのぶつかり合い〟がテーマなんじゃよ」

「エゴとエゴとのぶつかり合い？」

「そう。この形はハッピーエンドになる場合もあるが、それぞれ権利を主張するわけだから、どこかで関係にほころびができ、時として破綻することもありうる、ということを示したかったんじゃよ。それと男の〝愛されないガールフレンド〟が時折出てくるだろう?」

「はい、物語の脇役ですね」

「彼女は二人の愛の物語を俯瞰しているのと一緒なんじゃよ。二人の愛が〝エゴで成り立っている〟ということを暗に説明している。彼女は単なる〝狂言回し〟ではなく……」

「物語の二人の愛のエゴの浅はかさ、を示している役割を果たしている……」

「そうそう、まさにそのとおりじゃよ」

「物語では、スコティは三度、転落死を目の当たりにしますよね? 高所恐怖症を克服するわけですが、その物語の流れは、東洋的な考え方、例えば輪廻転生のような、繰り返すプロセスを経て、新たに生まれ変わるような……そんな意味合いも感じられるのですが」

「ふーむ、輪廻転生のような意味合いとは違うと思うけれど、また物語の中でそれを意識していたわけじゃないが……そうだね、結果的にはスコティは高所恐怖症が治るわけだから、〝生まれ変わる〟ことと同じような意味合いを持つね。そうなると、この物語は単なるアンハッピーエンドでもないかもしれん」

「おじさん、ごちそうさまでした。今日はありがとうございました。いつも勉強になります」

「こちらこそ、ごちそうさま。わたなべ君と話すと、意外なことに気づかされる。わしも勉強になるよ。ありがとう!」

こうして貴重な午後の時間は過ぎていくのでした……。

(ここの文章は登場人物、人間関係など全くのフィクションであることをお断りしておきます……)

もし少しでも興味をお持ちになったらチェックしてご覧くださいね。

天気のいい午後の昼下がり。『めまい』に思いを馳せて、〝エゴとエゴとのぶつかり合い〟と〝輪廻転生〟について考えてみましょう。

(2024/5)

あとがき

この本は、私のネット上のブログに書き留めておいた文章をまとめたものです。

今から十数年前、会社勤めをしていた頃に私は体調を崩し、それがきっかけとなって会社を休職・早期退職しました。そのため家に居ながら時間を持て余すばかり。友人の勧めでブログを開設し、日々の記録を綴ることになったのです。

その中で、学生の頃夢見ていた映画（特に一九七〇年代頃の洋画）について触れてみたくなったのでした。当時は欧米の映画が日本でも映画館などでリバイバル上映されたり、流行ったりしていて、私もその世界にどっぷり浸かっていました。

ブログで映画の記事を書いているうちに、その最も身近な〝読者であり批評家〟だった母が、「どうせなら（これらを）ブログだけでなく、公に発表して映画評論家にでもなったら?」と言うのです。母は二年前に他界し、今となっては母がどこまで本気で私にそう言ったのか、確かめる由もありませんが、この言葉が心に残り、それがきっかけとなって「本を出してみたい!」と強く思うようになりました。

ここまで読んでいただいた通り、私の文章は稚拙で〝映画評論〟には程遠いと思います。しかし最初の方では、「映画作品を観てもらうための紹介」のつもりで記していたのですが、後半になるにつれて、「たとえその映画作品を観なくても、楽しめるような文章の記し方」に配慮したつもりです。そのため、あえて〝ブログに綴った順〟に、時系列に並べました。映画を観ても、観なくても楽しんでもらえたら……。私の願いであり、到達点でもあるのです。

皆様には、大変申し訳ありませんが、もう一度この本を初めから読んでいただけると幸いです。〝噛めば噛むほど味が出るスルメ〟のように、私の文章そのものの素材はあまり良くありませんが、今一度繰り返しご賞味くださいませ。

二〇二四年　十月

著者プロフィール

渡邊 徹也（わたなべ てつや）

1968年5月、神奈川県生まれ。

専修大学経営学部を卒業後、会社員を経て、2013年よりブログ「ジオラマワークショップ」を開設。好評を博す。

主に1950～70年代の洋画研究の他、フランスのシャンソン歌手「ダリダ（Dalida）」の研究がある。


ようこそ、クラシックシネマ・ワークショップへ

2025年3月15日　初版第1刷発行

著　者　渡邊 徹也
発行者　瓜谷 綱延
発行所　株式会社文芸社
〒160-0022　東京都新宿区新宿1－10－1
電話　03-5369-3060（代表）
03-5369-2299（販売）

印刷所　TOPPANクロレ株式会社

ISBN978-4-286-26249-9